1日たった1回で
タイムがアップする
極意

足が速くなる解剖図鑑

アスリートゴリラ鍼灸接骨院院長
高林孝光
Takabayashi Takamitsu

X-Knowledge

プロローグ

自分史上最速！
最大限のパフォーマンスを
発揮できた！
喜びの声

足がスムーズに
前に出て、
回転が速く
なりました！

南葛《なんかつ》SC　宮澤《みやざわ》弘《ひろし》選手

足が前に進む
感覚があり、
実際にタイムも
速くなりました。

南葛SC　新井《あらい》博人《ひろと》選手

足が勝手に
回転していく
感じがして、地面を
強く蹴られるように
なりました。

スキーモ（山岳スキー）日本代表
田中《たなか》友理恵《ゆりえ》選手

たった1回の
指導で
22人もの生徒が
速くなった
ことに
驚いています。

東京都足立区立江北《こうほく》桜《さくら》中学
バレーボール部顧問
梅川雅和《うめかわまさかず》先生

運動の苦手な生徒の
足の出し方が目に見えて
変わりました。

東京都足立区立江北桜中学バドミントン部
顧問　阿部《あべ》誠《まこと》先生

うちのスクール生は
10名中9名のタイムが
上がりました！

ヴェルディ公認スクール湾岸校　相原圭吾《あいはらけいご》コーチ

足が速くなりたい！

足が速くなりたい――
そう願っているからこそ、
あなたは本書を
手に取ったのだと思います。
運動会や体育祭の徒競走で
誰よりも先にゴールのテープを
切ることができたら、
どんなに気持ちよいことでしょう。
リレーの選手に選ばれて
1位になったら、
もはや学校中のヒーローです。
しかも、足が速くなるメリットは、
徒競走やリレーに

勝つことだけにとどまりません。
走ることは、運動の基本です。
足が速ければ、
すべてのスポーツに有利に働くし、
レギュラーの座もグッと
近くなるのです。

でも、生まれつき足が遅い、
運動が苦手、
がんばっても速くならない――
こんなふうに
思っていないでしょうか。

そんなあなたは、
まだ最適な方法を
知らないだけなのかもしれません。
もし、そうだとしたら、
実にもったいないことです。

あなたの足が速くならない三つの理由

理由1　走り方が間違っている

速く走ることは足を速く
動かすことだと
思っていませんか？
ひざを高く上げれば
足が速くなると
信じていませんか？
足が速くなるには、
足が速くなる走り方を
身につける必要があります。
筋力がなくても、
瞬発力が弱くても、

正しい走り方をすれば
誰でも足は速くなるのです。

理由2　体の形状を無視している

正しい走り方をするには、
正しい体の使い方が必要です。
ところが、足が遅い人は
人間本来の体の使い方が
できていません。
体の形状に沿った
走り方をしていないのです。

でも、心配は無用です。
体を正しく使うスキルは、もともと
誰にでも備わっている能力です。
どこが間違っていたのかさえ
理解できれば、
本能的に正しい走り方が
できるようになります。

理由3　速く走るコツを知らない

正しい体の使い方を覚えたら、
あとはちょっとした
工夫をするだけです。
本番に臨《のぞ》む前の準備や
スタートの姿勢、
そして足や腕の振り方……
ほかの人が知らない、
速く走るためのコツを知れば
誰でも速く走れるようになります。

速く走れる疾走感、爽快感を味わおう

速く走れるようになると、
それまでに体験したことのない
疾走感を覚えることでしょう。
どこまでも身軽で

いつまで走っても疲れない
まるで自分が
野生動物になったような感覚――
それはあなたの中に眠っていた
本能なのかもしれません。

本書を手に取ったすべての人に
そんな爽快感を味わってほしいと
願っています。
いいえ、本書で紹介するメソッドを
実践すれば、
速く走れる疾走感と爽快感を
誰もが必ず体験することが
できます！

『足が速くなる解剖図鑑』はこうして生まれた

私が院長を務める治療院は「アスリートゴリラ鍼灸《しんきゅう》接骨院」といいます。名前のとおり、アスリートの治療を得意としており、車椅子ソフトボール日本代表チームのトレーナーとして帯同したことをきっかけに、数多くのアスリートが来院されるようになりました。サッカーやバスケットボール、ゴルフなどのプロ選手からオリンピック選手、力士まで、そのジャンルは多岐にわたります。

来院されるのは、トップアスリートだけではありません。少年野球や少年サッカー、水泳など、さまざまなスポーツに親しむ子どもたちも数多く来院されています。

こうしたスポーツ少年・少女たちから寄せられる二大質問があります。一つは「どうしたら身長が伸びますか？」というものです。そして、もう一つが「どうしたら足が速くなりますか？」なのです。

また、彼らの親御さんから同様の質問をされることも多々あります。話をよく聞いてみると、「わが子に運動会で一等賞をとらせたい！」というかたがほとんどでした。

そんなとき、私は体の正しい使い方についてアドバイスをするよう

にしています。体を正しく使いさえすれば、足は勝手に速くなるからです。

私は陸上競技の専門家ではありません。しかし、これまでにさまざまなスポーツ障害を治療してきた経験から、運動器（骨や筋肉、関節、脊髄《せきずい》、神経などが連携して体を動かす仕組み）のメカニズムは熟知していると自負《じふ》しています。手前みそになりますが、フジテレビ系列の情報バラエティー番組『ホンマでっか!? TV』では、「運動機能評論家」としてコメンテーターを務めています。

そこで私は、これまでに培《つちか》った運動器の知識を総動員し、子どもたちの足を少しでも速くしたいという熱い想いを込めて、本書を上梓《じょうし》することにしました。本書は、こうした経緯から誕生したのです。

本書の使い方

本書のテーマは「明日の運動会に間に合わせる」です。陸上競技の専門書ではないので、タイムをコンマ何秒縮めることよりも、とりあえず明日の運動会・体育祭で1位になる方法を伝授します。

そのメソッドは第2章で紹介しているので、とにかく足を速くする方法をすぐに知りたいという人は、第2章から読み始めてもよいでしょう。

ただし、走るとはどういうことか、速く走るメカニズムとはどういったことかを知ったうえでメソッドを実践したほうが効果的なのはいうまでもありません。その意味で、理論を解説している第1章をよく読んで、それから実践に移ることをおすすめします。

まず
第1章で
足が速くなる
メカニズムを
学ぶ
さらに
第3章で
足が速くなる
さまざまな
コツを覚える

また、第3章では、さらに速く走るためのコツを紹介しています。第2章の基本のメソッドによって、手っ取り早く足を速くすることができたら、第3章で紹介しているちょっとしたコツを走りにとり入れてみてください。さらに足が速くなること請け合いです。

もし、第2・3章で紹介した方法を実践してもはかばかしい成果が得られなかったとしたら、速く、気持ちよく走る体になっていない可能性があります。

現代の子どもたちの大半や、一部の大人たちの間では、真っすぐ走れない、ころびやすい、前屈ができない、しゃがめないといった、ひと昔前な

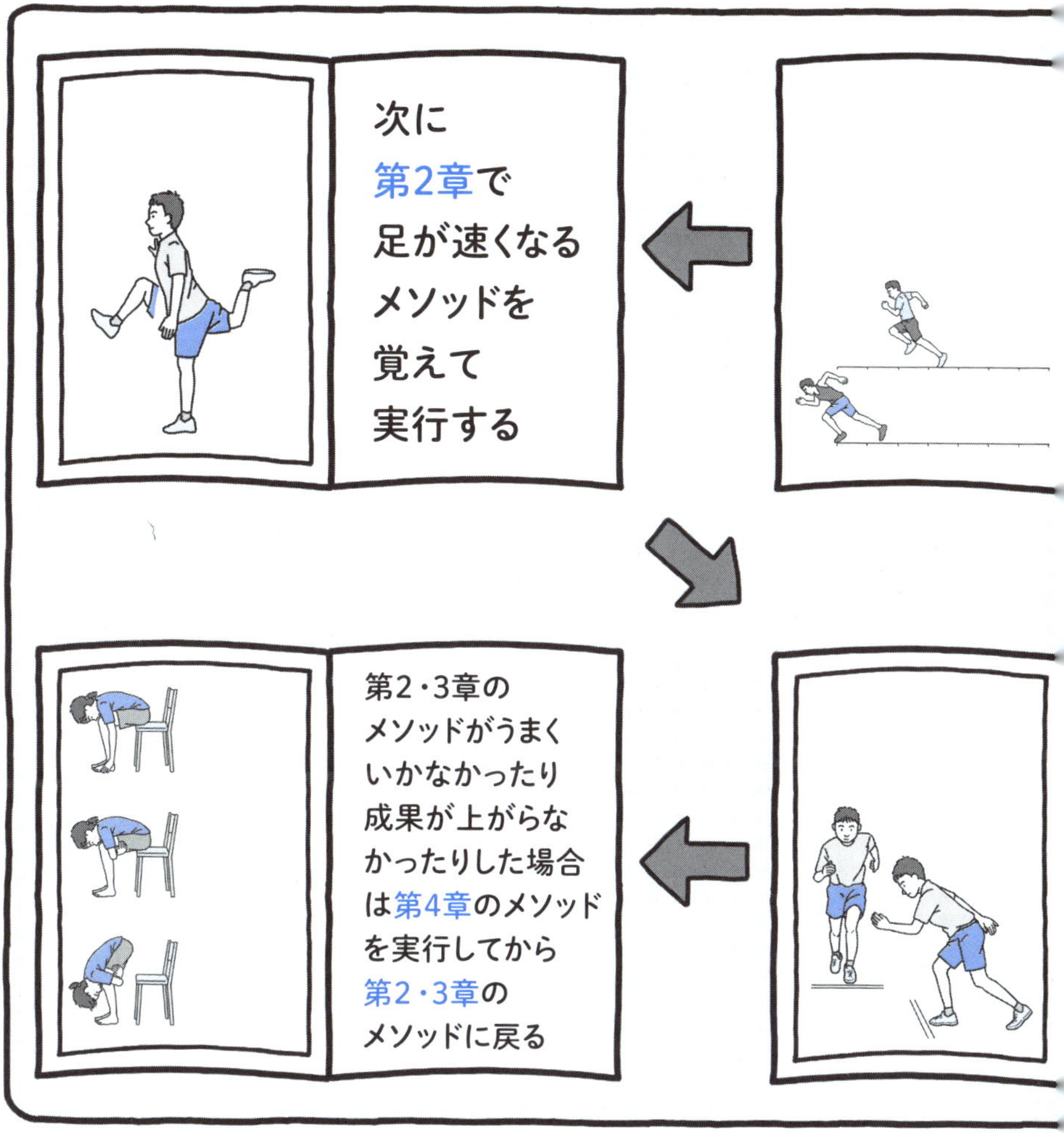
次に
第2章で
足が速くなる
メソッドを
覚えて
実行する
第2・3章の
メソッドがうまく
いかなかったり
成果が上がらな
かったりした場合
は第4章のメソッド
を実行してから
第2・3章の
メソッドに戻る

らあたりまえにできたことがスムーズにできない例が急増しています。

そうした人たちは、まずはきちんと走れる体に修正するところから始めていきましょう。第4章では、現代の子どもたちに顕著《けんちょ》な体の問題点を矯正《きょうせい》するメソッドを紹介しています。そのメソッドを実践して、体の問題点を克服できたら、第2・3章のメソッドに移行しましょう。

速く走ることは、人間の体に本来備わっている本能です。本書で紹介しているメソッドに、自信を持って取り組んでください。

あなたは必ず足が速くなります!

目次

第3章 さらに足が速くなるコツを大公開

第4章 速く走るための体づくり

デザイン　田中俊輔
編集協力　狩野元春（ヤンドラ）
イラスト　竹口睦郁
編集　加藤紳一郎（X-knowledge）
印刷　シナノ書籍印刷

第
1
章

足が速くなるメカニズムをひも解く

「走る」と「歩く」の違いとは

本章では、そもそも「速く走る」とはどういうことかを解説していきます。

そのために、まず「走る」と「歩く」の違いについて説明しましょう。

走ることと歩くことの決定的な違いは、両足が地面から離れている瞬間があるかないかにあります。

つまり、歩く場合は左右どちらかの足が常に地面についているのに対して、走る場合は両足が地面から離れ、体が空中に浮いている瞬間が必ずあるのです。

歩く場合

歩く場合は左右どちらかの足が常に地面についている

振り上げた足が着地したときに
反対の足も地面についている

走る場合

両足が地面から
離れている

走る場合は両足が地面から離れて体が空中に浮いている瞬間が必ずある

陸上競技の「競歩」は、歩く速さを競《きそ》う競技です。したがって、競技中は左右どちらの足が常に地面についていなければなりません。一瞬でも両足が地面から離れた瞬間があると、それは走ったことになるため、「ロスト・オブ・コンタクト」という反則を協議され、反則が確定すると失格となります。

競歩のルールはさておき、実は、この「両足が地面から離れること」が、速く走るための重要なキーワードとなっています。

詳しいことは後述するので（50ページを参照）、ここでは「走るとは、両足が地面から離れて体が中に浮いている瞬間があること」ということを覚えておいてください。

走るには3種類の方法がある

ひとことで「走る」といっても、その方法は2種類に大別されます。長い距離を走る「ランニング」と、短い距離を走る「スプリント」です。

さらに、ランニングを細かく見ると、そのなかには「ジョギング」も含まれます。

ランニングとジョギングの違いは運動強度にあり、ランニングが息切れするくらいのスピードで走るのに対して、ジョギングはいっしょに走る人と会話ができるくらいのスピードで走ります。

スプリント
後ろに振った足のかかとがお尻に近づく
腕を大きく振る

スプリントのフォーム

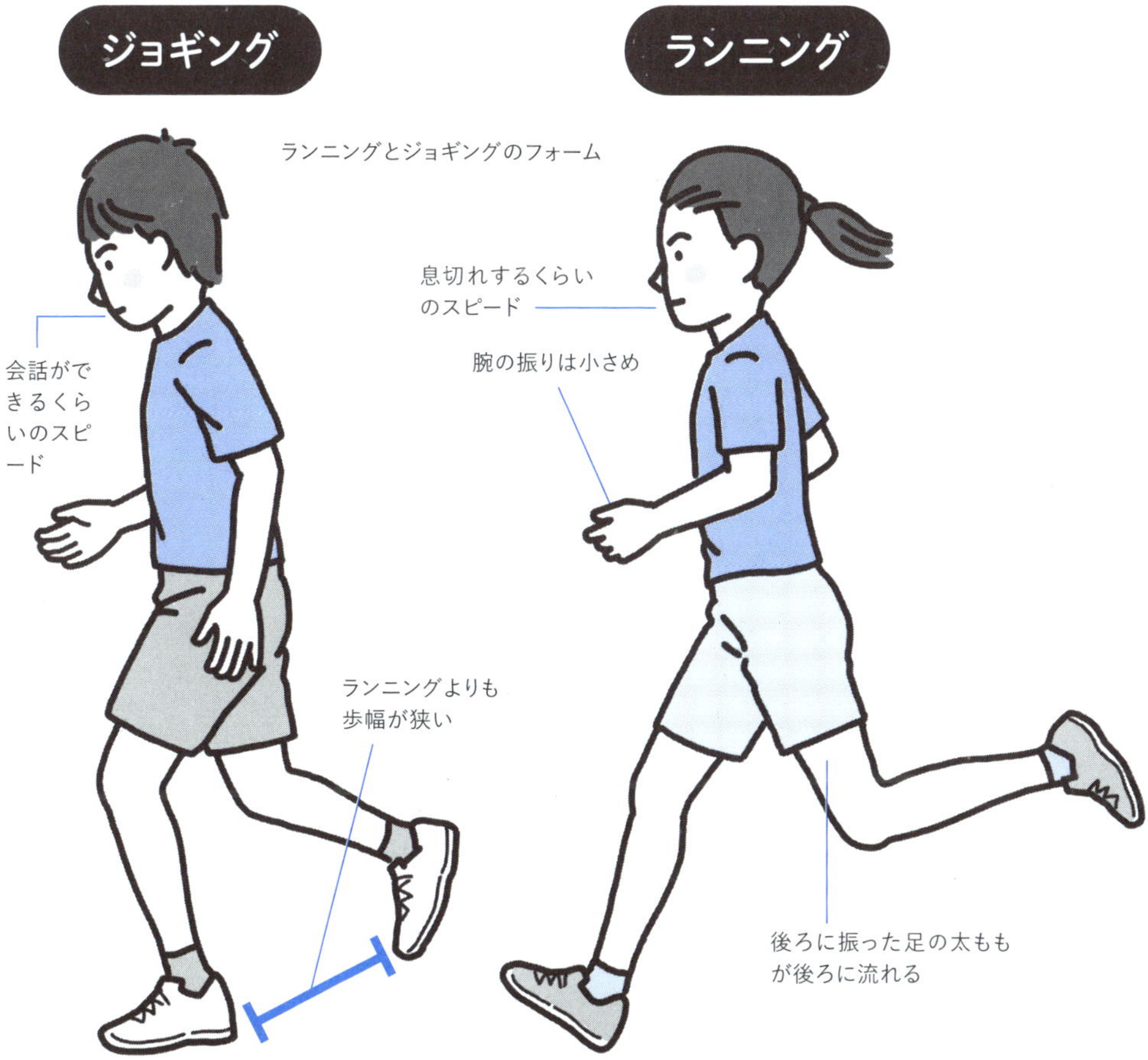

ランニングとジョギングのフォーム

また、ジョギングの場合は、ランニングよりも歩幅が狭くなります。ランニングとジョギングとスプリント。この3種類の走り方は、フォームも違えば、使う筋肉や関節、そこにかかる負荷《ふか》も異なります。したがって、3種類の走り方がすべて速くなる方法というものはあり得ません。

12ページでも述べたように、本書のテーマは「明日の運動会に間に合わせる」です。中学校の体育祭なら中・長距離の競技もあるかもしれませんが、小学校の運動会では短距離走に限定されるはずです。

したがって、本書では「スプリントをいかに速くするか」ということにフォーカスして解説をしていきます。

足が速いとはどういうことか

それでは、「足が速い」あるいは「速く走る」とは、具体的にどういうことを指すのでしょうか。

18ページで走ることと歩くことの違いについて解説しました。それでは、両者の共通点はなんでしょうか。それは、どちらも「移動すること」です。

A地点からB地点まで移動するという点においては、走ることも歩くこともいっしょです。歩くことより速く移動することが、走ることになるわけです。

同じ時間に大きく移動できる人のほうが「足が速い」

ということは、「足が速い」とは、同じ時間によりたくさん移動できる、すなわち、「大きく移動できること」なのです。

よく、足が速くなりたいといって、一生懸命に足を速く動かしている人がいます。もちろん、足を速く動かすことも、速く走るうえでの大切な要素ではあります。しかし、「足が速い」＝「大きく移動できる」という大前提を考えれば、いかに大きく移動するかを優先させたほうが、はるかに効率よく速く走れるようになるのはいうまでもありません。

足を速く動かすだけでは大きく移動できない

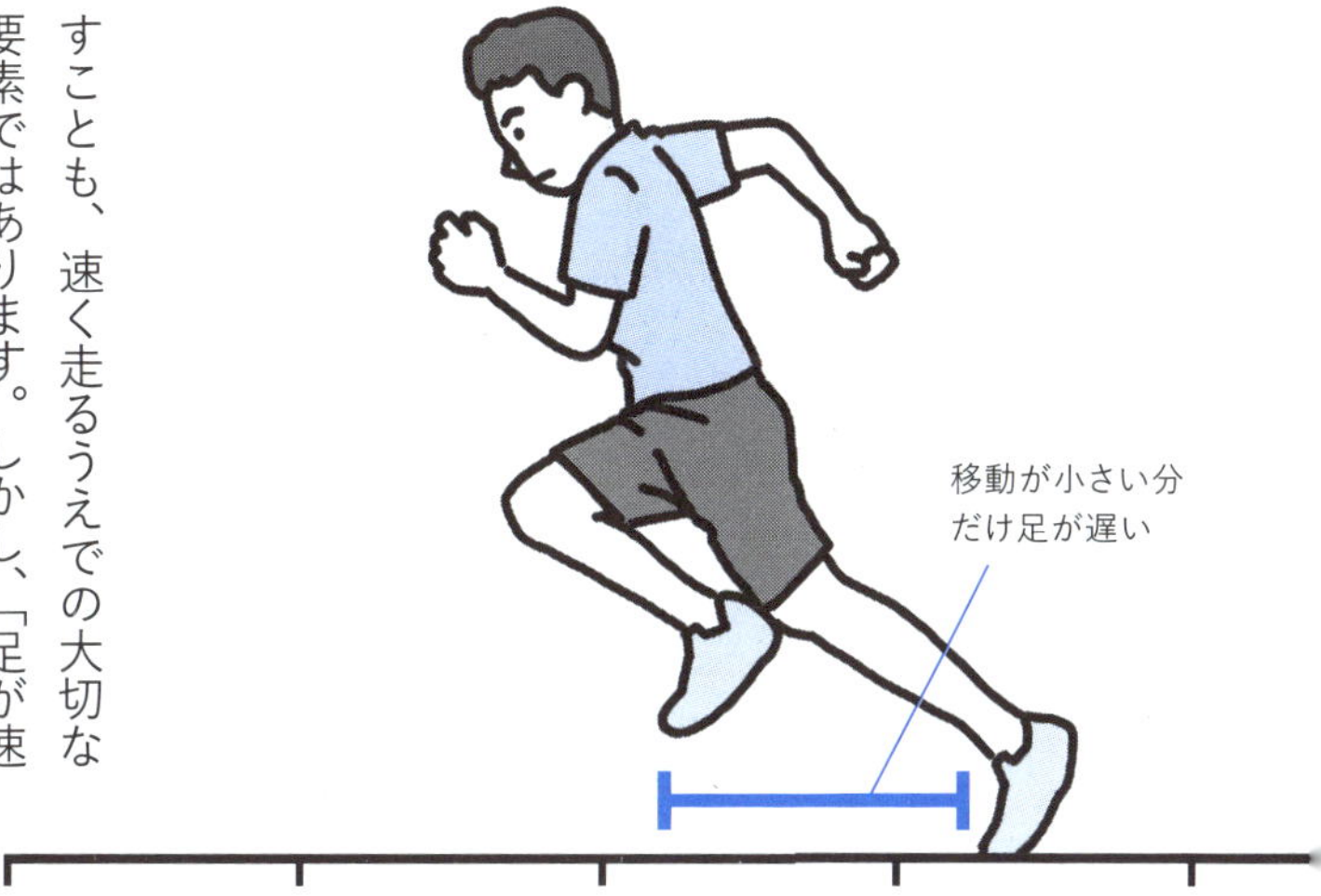
移動が小さい分だけ足が遅い

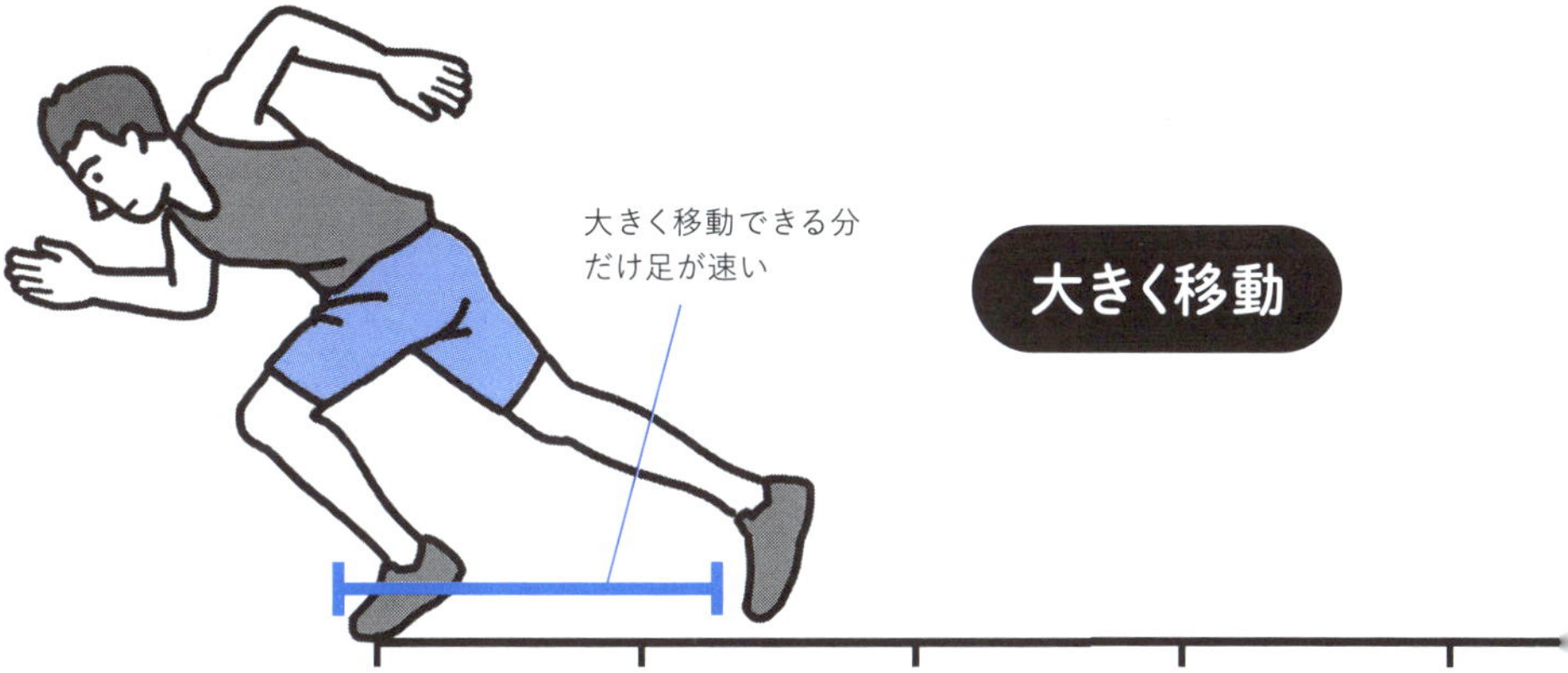
大きく移動できる分だけ足が速い
大きく移動

速く走るための公式「回転数」×「歩幅」

回転数は「ピッチ」とも呼ばれ、文字どおり足の回転数（単位時間当たりの歩数）を表します。マラソンでは1分間当たりの歩数で示すことが一般的ですが、短距離走では1秒間での歩数を示します。

一方の歩幅は「ストライド」とも呼ばれ、1歩の長さを表します。

陸上競技には、歩幅を小さくとって足の回転数をふやす「ピッチ走法」と、1歩を大きくとる「ストライド走法」の2種類があります。それぞれの走法にメリットとデメリットがあり、トップアスリートのなかでもピッチ走法を実践する選手とストライド走法を実践する選手がいます。

いずれにしても、足を速く回転させて、1歩を大きくとれば、それだけ速く走れる、すなわち、大きく移動できることは間違いありません。前項で、足を速く動かすことも速く走るうえでの重要な要素といったのは、そのためです。

実は、速く走るための公式というものがあります。

それは

「足の速さ」＝「回転数」×「歩幅」

です。

足の速さ＝回転数×歩幅

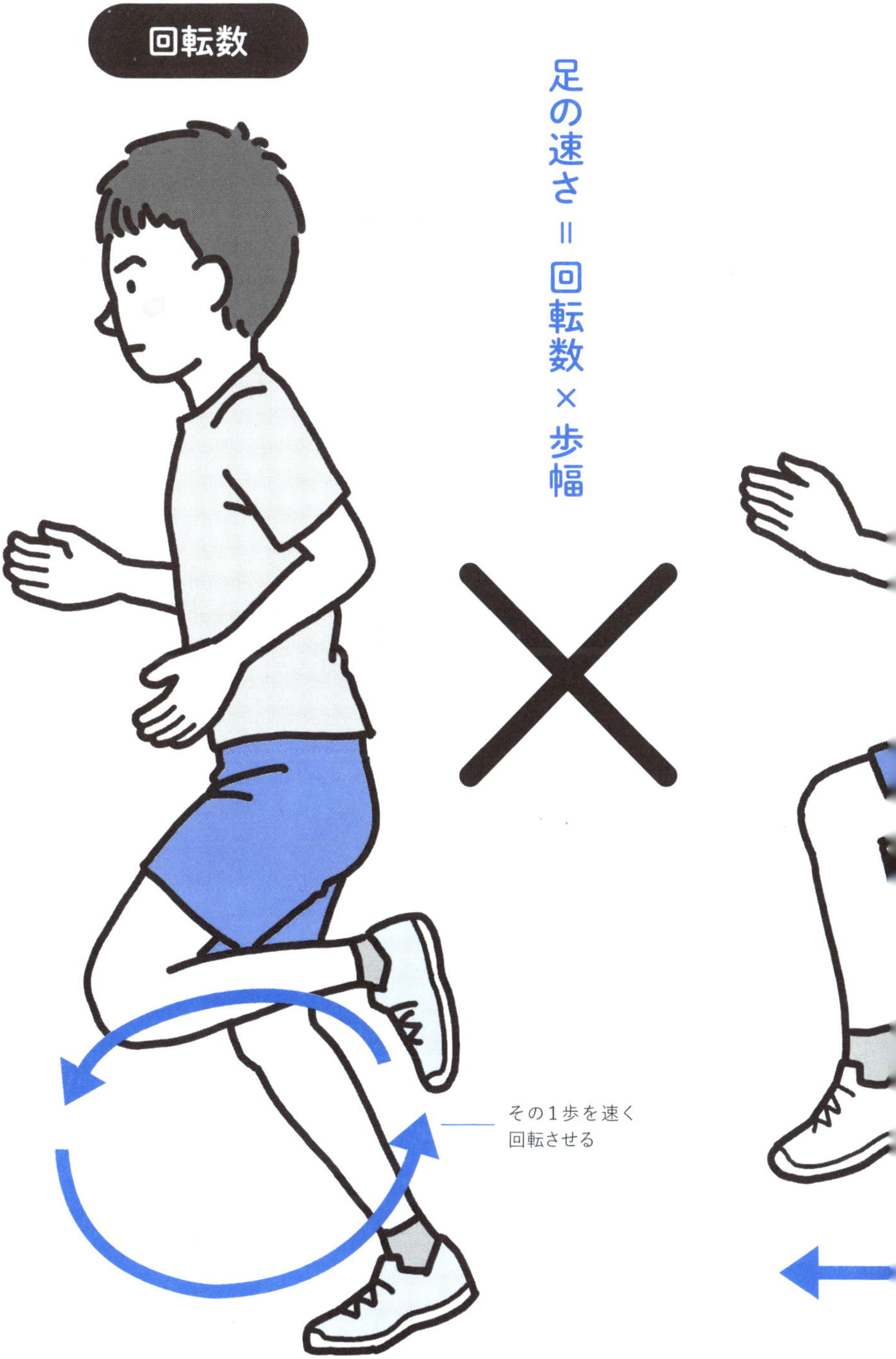

小学生とボルトの回転数はさほど変わらない!?

前述したように、速く走るための法則は「回転数」×「歩幅」です。しかしながら、私は22～23ページにおいて「足を速く動かすことよりも、いかに大きく移動するかを優先させるべき」と述べました。なぜでしょうか。

これには理由があります。実は、人間の回転数は、子どものときから大人になるまでほとんど変わらないからです。

1秒当たりの回転数は、中・高生が3・8～4・0回なのに対して、トップアスリートでも4・3～4・7回と大差がありません。

男子100メートル走の世界記録保持者であるウサイン・ボルト元選手ですら、これまでの最高の数値が4・8回といわれています。つまり、一般の小学生の回転数とウサイン・ボルトの回転数はさほど変わらないのです。

中・高生でも1秒に3.8～4.0回

ウサイン・ボルト

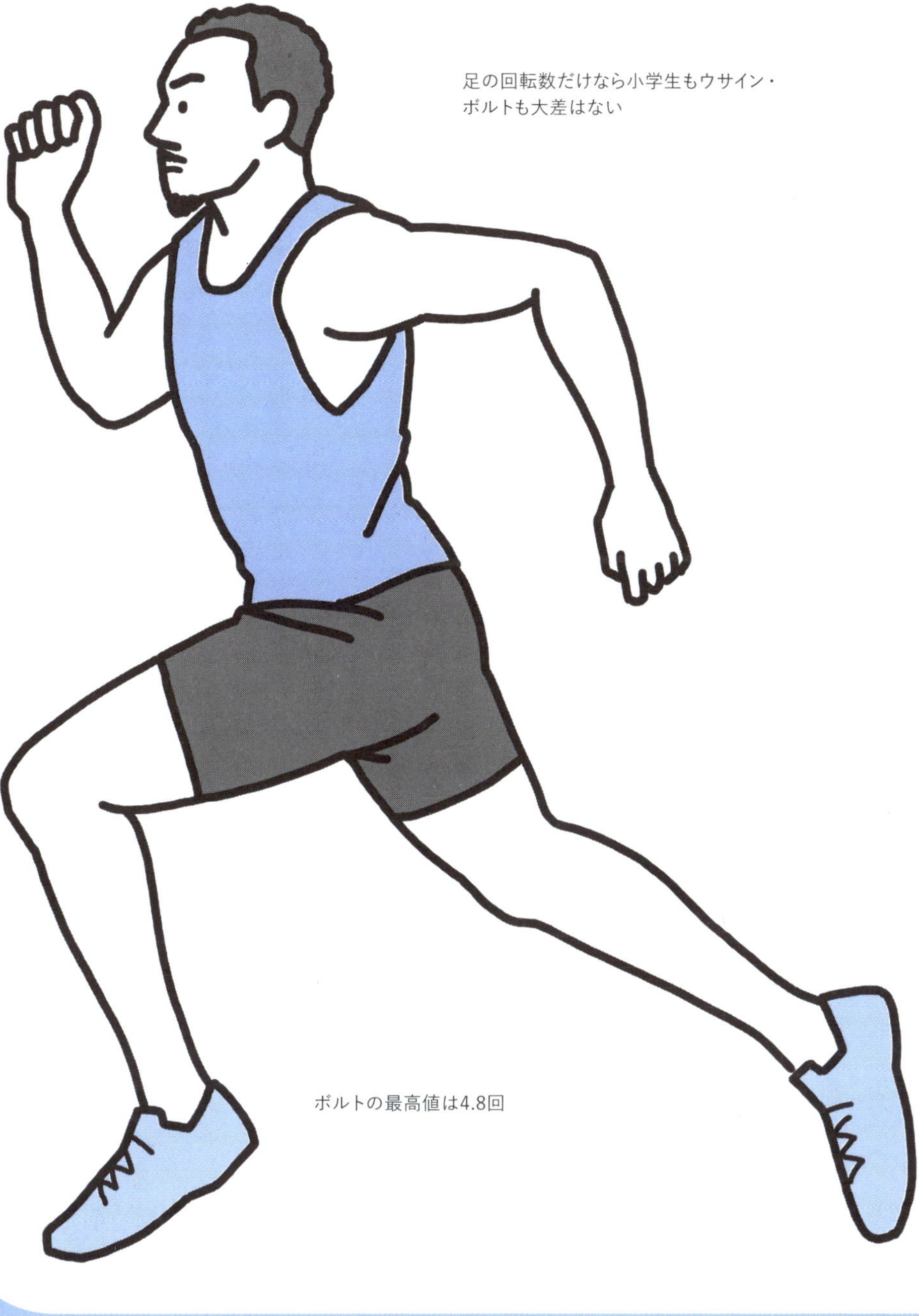
足の回転数だけなら小学生もウサイン・ボルトも大差はない
ボルトの最高値は4.8回

歩幅を広げることこそ速く走るカギ

一方の歩幅についてはどうでしょうか。

こちらを回転数と同様に比較してみると、中・高生が1・0〜1・7メートルなのに対して、トップアスリートは2・0〜2・15メートルといわれており、かなりの差があるのが見て取れます。

逆にいうと、中・高生にはそれだけ「伸びしろ」があるというわけです。

体が未成熟な小学生なら、中・高生以上の伸びしろが期待できるはずです。

くり返しますが、速く走るためには、回転数も重要な要素であることは間違いありません。しかし、回転数を上げるには、それなりの時間を要します。

本書のテーマは「明日の運動会に間に合わせる」。したがって、手っ取り早く足を速くするには、歩幅を広げることこそがカギとなるのです。

歩幅！

幅	足の速さ（1秒間に進む距離）
メートル	5.42メートル
メートル	5.60メートル
メートル	5.62メートル

シュンスケくんに勝てる

足の速さの決め手は

	足の回転数（1秒間の歩数）	歩
カンタくん	3.9回	1.39
シュンスケくん	4.0回	1.40
カンタくん	3.9回	1.44

歩幅をたった5センチ広げるだけでカンタくんは

回転数が0.1 回遅くても歩幅を5センチ広げるだけで相手に勝つことができる

コラム
1

世界的に実践されているスキップのドリル

陸上競技の選手の間では、速く走るためのドリルとして、スキップがとり入れられています。

A～Cまである3種類のスキップは、足の振り方や股関節《こかんせつ》の可動域《かどういき》、リズム感などを養う効果があると評判で、世界的に実践されています。

みなさんも遊び感覚で試してみてはいかがでしょうか。

Aスキップ ➡

❶ 片方の足を上げてスキップ

❷ 上げた足を下ろし、もう片方の足を上げてスキップ

❸ ①②をリズムよくくり返す

⬅ Bスキップ

❶ 片方の足のかかとがお尻の下にくるように上げてスキップ

❷ 上げた足のひざから下を振り出して下ろし、もう片方の足を上げてスキップ

❸ ①②をリズムよくくり返す

Cスキップ ➡

❶ 片方の足を前に上げてスキップ

❷ 上げた足を下ろし、同じ足を横に上げてスキップ

❸ 上げた足を下ろし、反対の足を前に上げてスキップ

❹ 上げた足を下ろし、同じ足を横に上げてスキップ

❺ ①～④をリズムよくくり返す

第
2
章

30秒で足が速くなる超簡単エクササイズのすべて

テレビで紹介して大反響のエクササイズ

本章では、私が考案し、いま大評判となっている、足が速くなるエクササイズを紹介します。ぜひ一読して、今日から実践してみてください。誰でも足が速くなります。

そもそもこのエクササイズを考案することになったきっかけは、テレビ局からの依頼でした。読売テレビ系列の朝の情報番組『朝生ワイド す・またん！』から「足が速くなる体操を紹介してほしい」という依頼があったのです。

同番組では、視聴者から寄せられたさまざまな疑問を徹底調査する「さかなのとれたてリサーチ」というコーナーを設けており、運動会シーズンを目前に控えて「息子の足が遅くて困っています。足が速くなる方法をリサーチして助けてほしい」「リレーでアンカーになってしまいました。本番で少しでも速く走れるコツを教えてください」といった声が寄せられるようになった

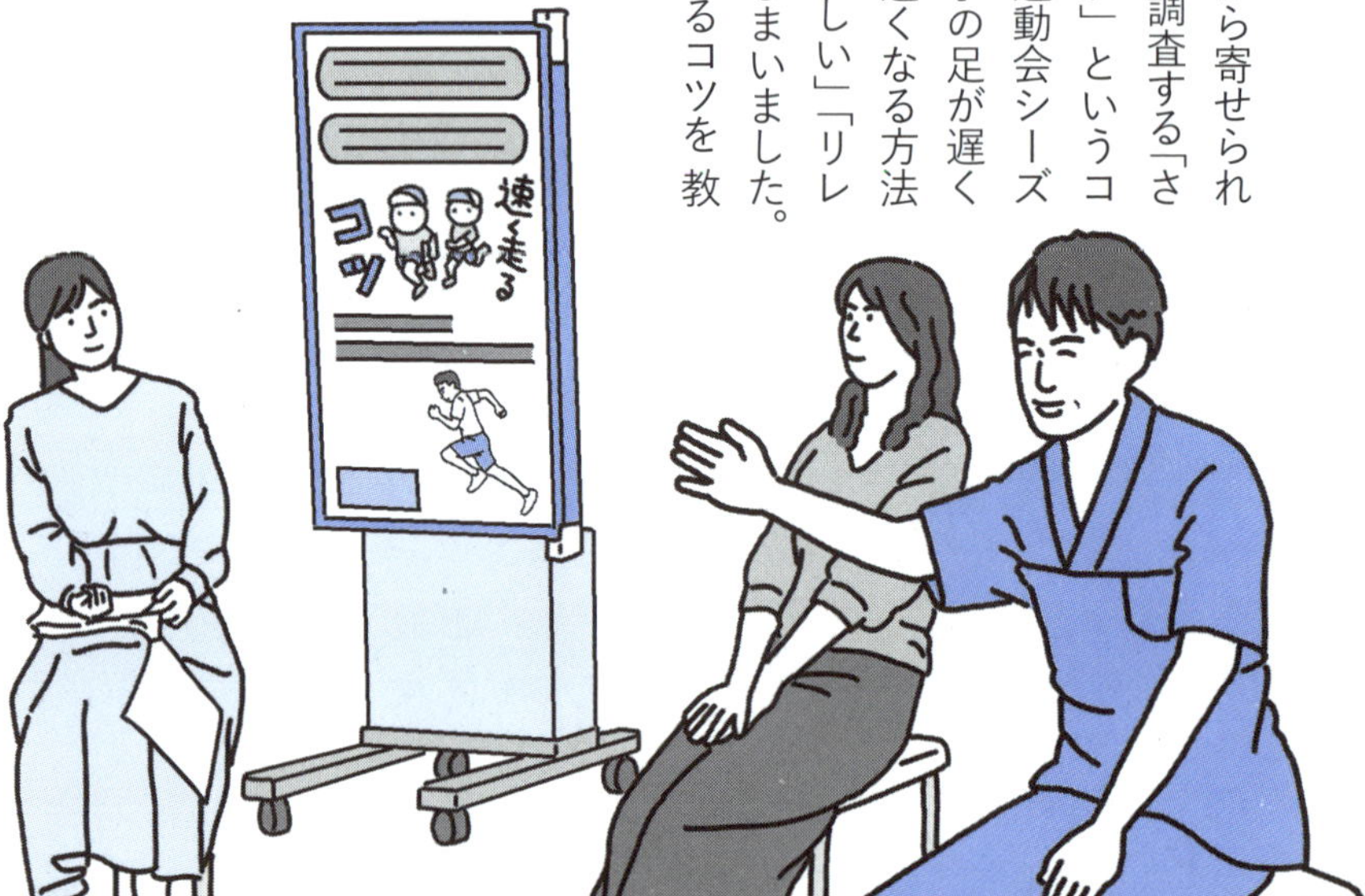

テレビ番組で紹介したのがきっかけだった

番組スタッフの
50メートル走の
タイムも大幅にア
ップした

のです。

そこで私は、これまでにトップアスリートやジュニアアスリートたちに指導してきた経験と知識を総動員して、あるエクササイズを紹介することにしました。それが本章で紹介する「走力アップ体操」です。

誰でも・いつでも・どこでも行うことのできる、実に簡単なエクササイズですが、その効果は予想以上のものでした。実際に走力アップ体操を行った番組スタッフの50メートル走のタイムを計測したところ、26歳のスタッフは7秒92が7秒65に、37歳のスタッフは10秒30が9秒80と最大で0・5秒も速くなったのです。

反響も大きく、2022年10月に放送された同番組はYouTubeに動画が上がるほどの人気となっています。

サッカー選手やオリンピック選手も実践

こうしてテレビで大評判となった走力アップ体操は、その後、口コミでさまざまなジャンルのスポーツ選手たちに広がっています。

最初に興味を持ってくれたのは、サッカーのヴェルディ公認スクール湾岸校です。私の治療院の患者さんに、同スクールのスタッフのかたがいたのがきっかけでした。そのかたにたまたま走力アップ体操の話をしたところ、「ぜひ子どもたちに向けて講演会と体操の指導をしてほしい」といわれ、トントン拍子のうちに話がまとまったのです。講演会＋実技指導の当日には、100人近い子どもたちが集まってくれました。

患者さんつながりでは、東京都足立区立江北桜《こうほくさくら》中学校のみなさんにも大変お世話になりました。同校の生徒が以前から通院されていたご縁から、サッカー部、男子バレーボール部、女子ソフトテニス部の部員のみなさんに走力アップ体操を指導させ

さざまな部活の中学生に指導をして成果が上がっている

サッカーやスキーモのトップ
選手も実践している

ていただきました。

走力アップ体操を実践しているのは、こうしたジュニアアスリートだけではありません。トップアスリートにも浸透しているのです。

とくに、関東サッカーリーグ1部に所属する社会人サッカークラブ「南《なん》葛《かつ》FC」の宮澤《みやざわ》弘《ひろし》選手と新井《あらい》博人《ひろと》選手には、熱心に取り組んでいただいています。

また、バイアスロン選手として、2018年の平昌《ピョンチャン》オリンピックと2022年の北京《ペキン》オリンピックに出場し、現在はスキーモ（山岳スキー）に転向して2026年のミラノオリンピック出場をめざしているスキーモ日本代表の田中《たなか》友理恵《ゆりえ》選手も「陸上競技の苦手な私でも足が速くなりました」といって、その効果を実感されています。

歩幅が広がって足が速くなる「走力アップ体操」のやり方

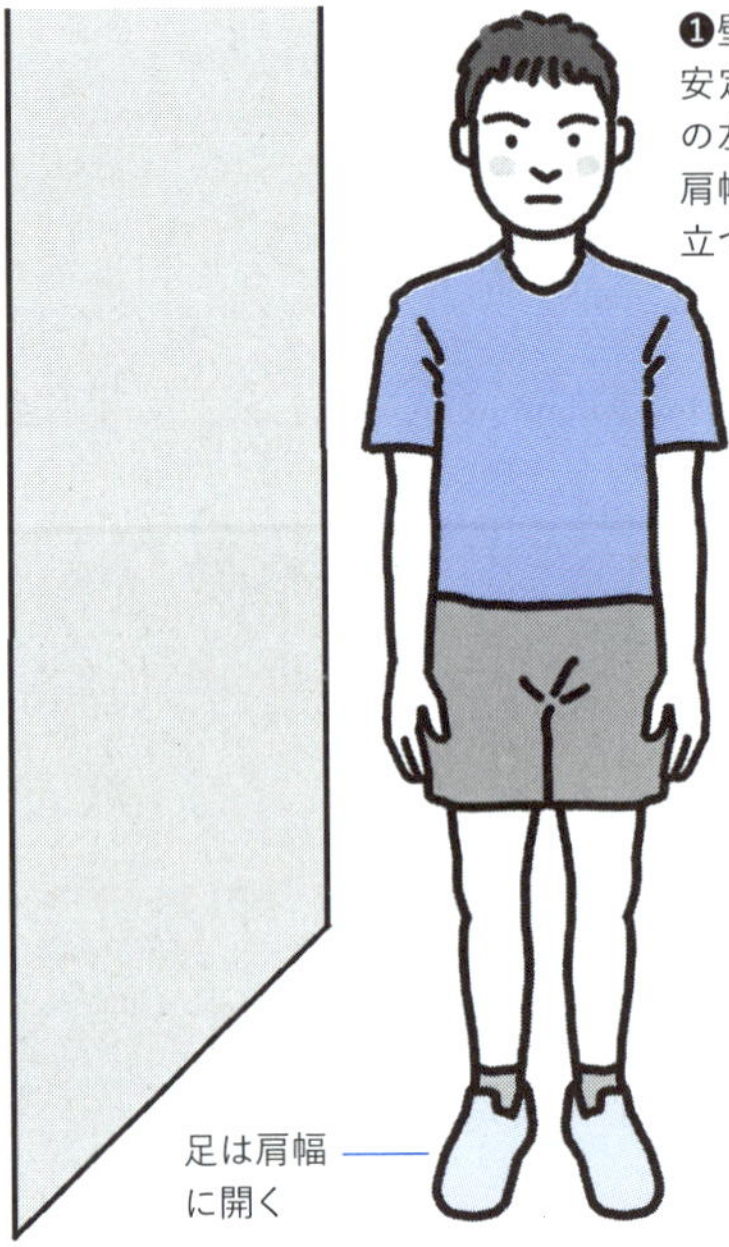
❶壁や柱など安定したものの左側に足を肩幅に開いて立つ
足は肩幅に開く

いよいよ走力アップ体操のやり方を紹介します。実に簡単な方法なので、足が速くなりたい人はぜひ試してください。

【走力アップ体操のやり方】

❶壁や柱など安定したものの左側に足を肩幅に開いて立つ

❷背すじを伸ばして、右手を壁や柱などにつけて体を安定させる

❸右足のかかとを背中につける勢いで大きく後ろに振る

❹振り子のように太ももを前に振り上げる

❺③〜④をできるだけ速く10回くり返す

❻体の向きを変えて左足でも同様に行う

左右の足を10回ずつ振っても、わずか30秒足らずしかかかりません。走る直前にやりすぎるとかえって疲れてしまうので、注意が必要ですが、たくさんできる人は10回以上やってもらってもかまいません。やればやるほど歩幅が広くなります。

ポイントは、足を後ろに振るときの力をできるだけ大きくすることです。それにより、前に振る力も自然と大きくなり、前に進むスピードがアップします。

走力アップ体操は、股関節《こかんせつ》の可動《かどう》域《いき》が広がるうえに、走るうえで重要なハムストリングス（太ももの裏側の筋肉群）も刺激するため、短時間で歩幅を広げることができるのです。

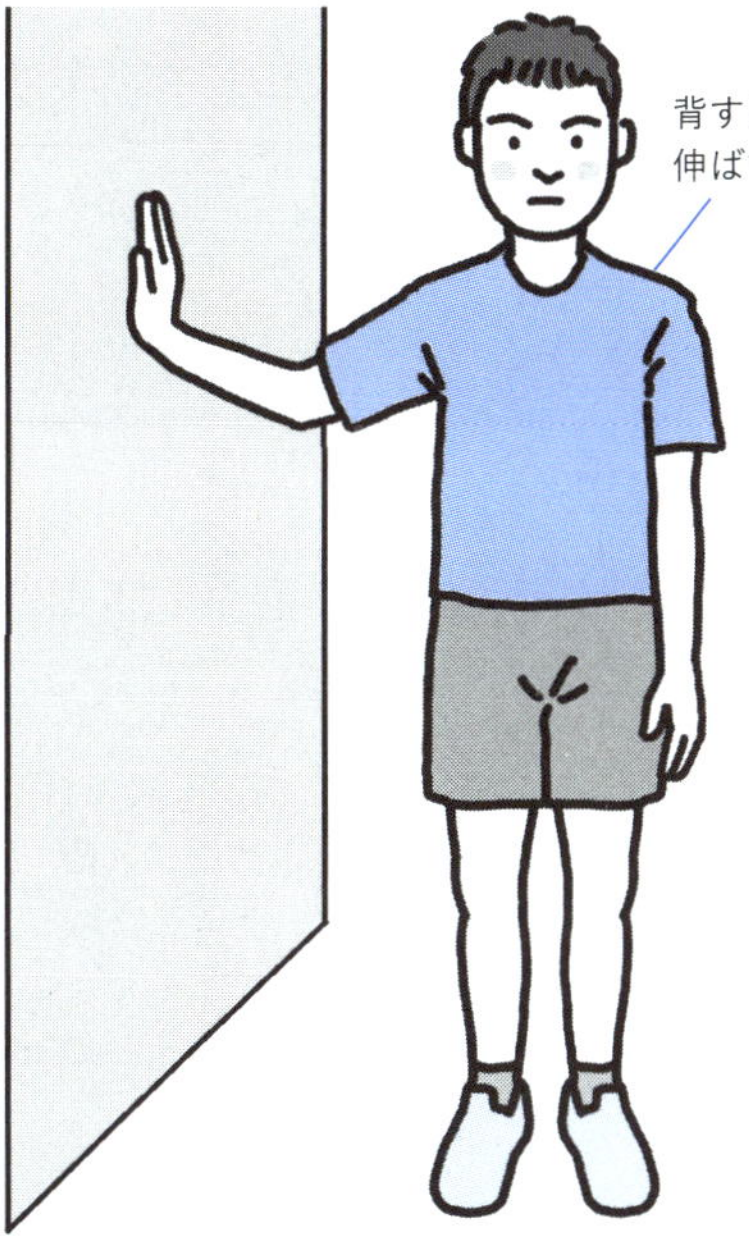

❷背すじを伸ばして、右手を壁や柱などにつけて体を安定させる

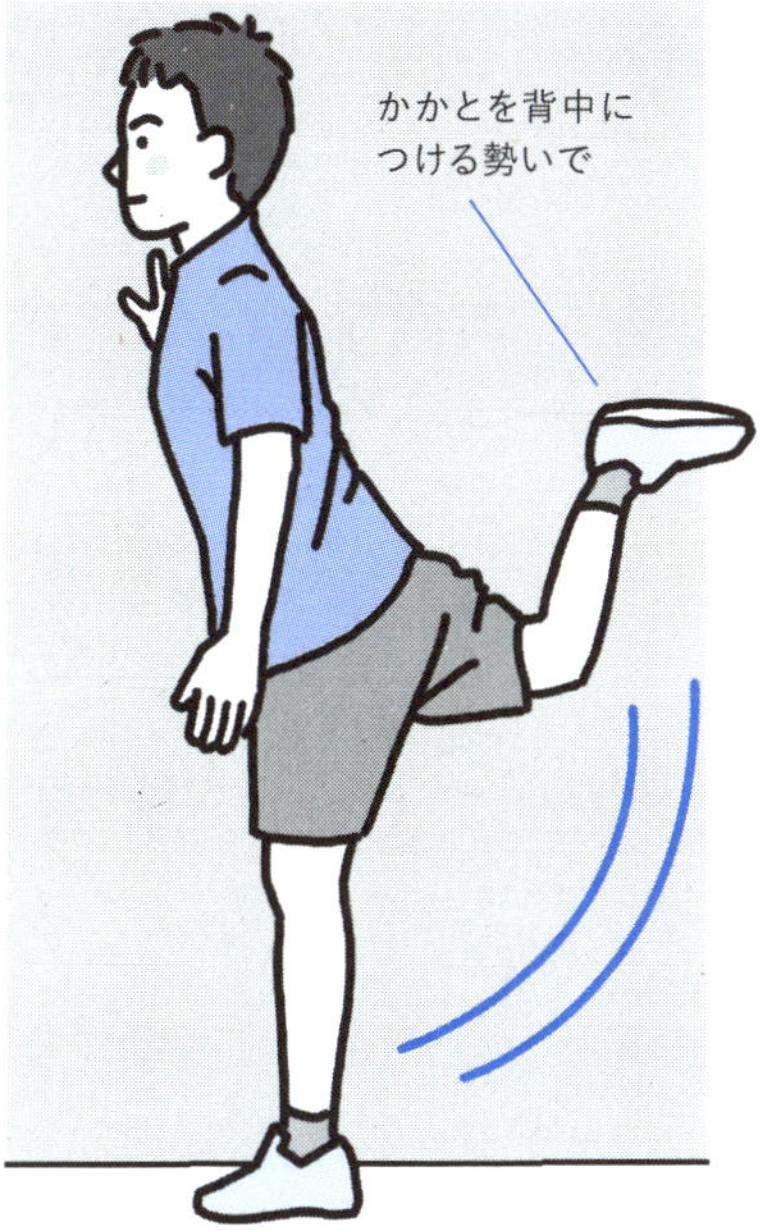

❸右足のかかとを背中につける勢いで大きく後ろに振る

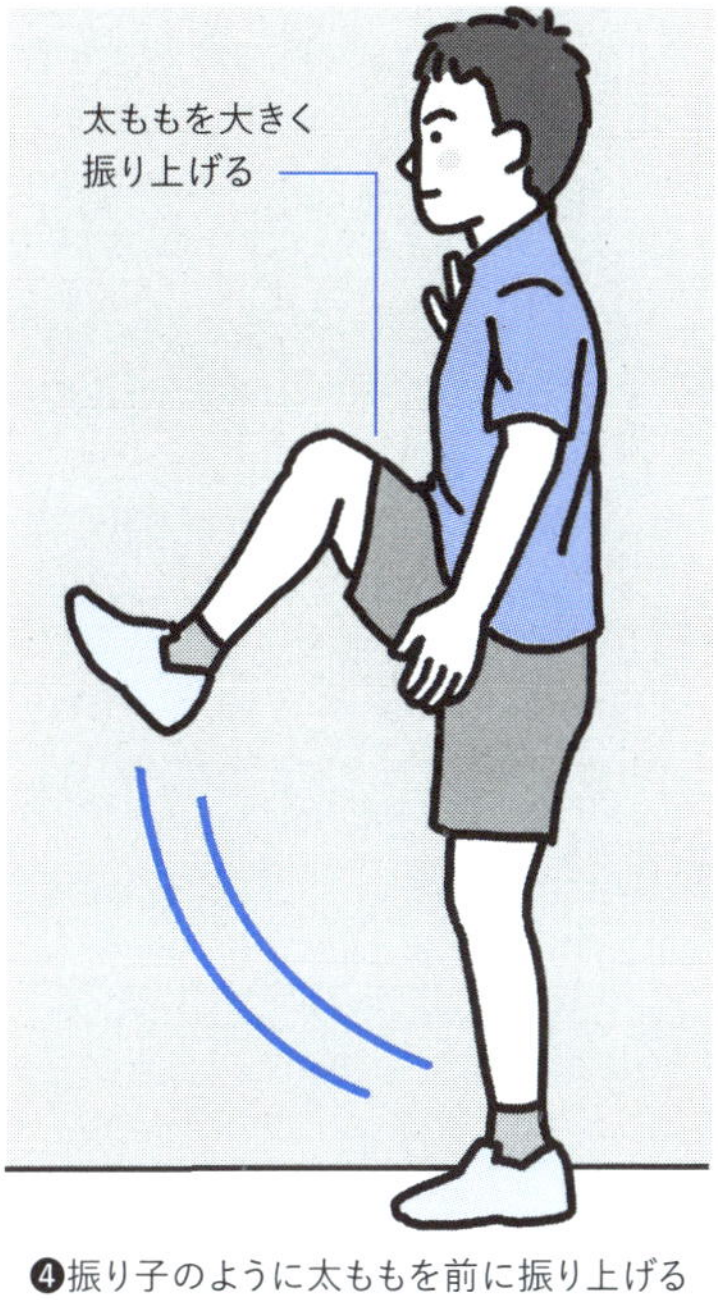

❹振り子のように太ももを前に振り上げる

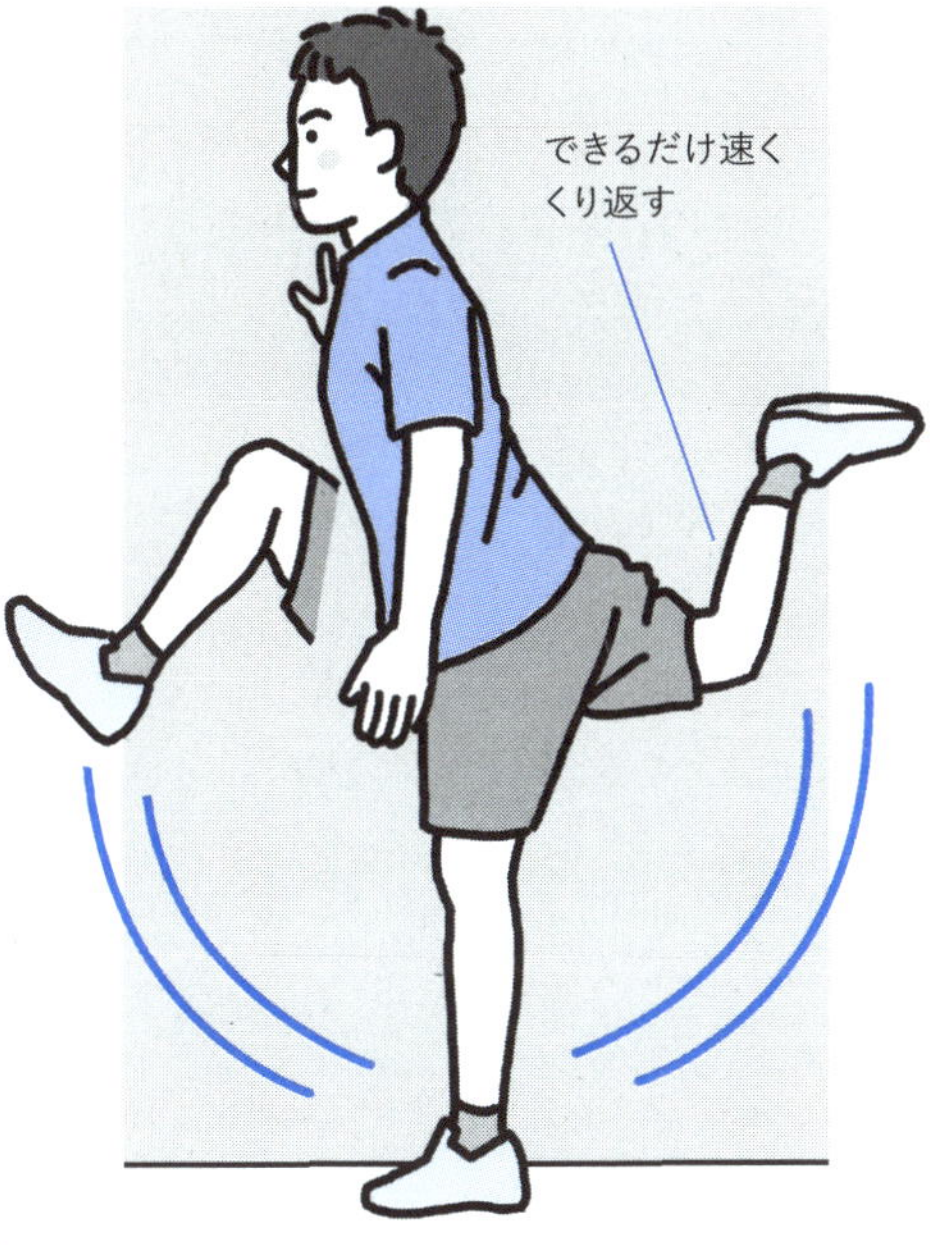

❺③～④をできるだけ速く10 回くり返す
❻体の向きを変えて左足でも同様に行う

たった1回の指導で61人のうち34人が速くなった!

ここで、走力アップ体操を試した人たちにどれだけの効果があったのかを紹介しましょう。

下の表は、前項で紹介したヴェルディ公認スクール湾岸校や東京都足立区立江北桜中学校など、走力アップ体操を実践した61人のデータをまとめたものです。

61人の内訳は、男性55人と女性6人。最年長者は35歳で、最年少者は12歳。平均年齢は14・7歳です。

走力アップ体操を行う前とあとの50メートル走のタイム

イニシャル	年齢	性別	前のタイム	あとのタイム	タイム差
H・I	12	♂	7秒81	7秒66	−0.15秒
N・R	12	♂	7秒87	7秒53	−0.34秒
S・Y	12	♂	7秒97	7秒87	−0.1秒
M・R	12	♂	7秒63	7秒06	−0.57秒
M・K	12	♂	7秒94	7秒56	−0.38秒
E・S	13	♂	8秒79	8秒81	+0.02秒
K・E	13	♂	8秒43	8秒34	−0.09秒
Y・R	13	♂	7秒43	7秒22	−0.21秒
A・J	13	♂	7秒35	7秒00	−0.35秒
K・R	13	♂	8秒15	7秒53	−0.62秒
Y・S	12	♂	7秒20	7秒14	−0.06秒
U・A	不明(中1)	♂	8秒50	8秒27	−0.23秒
S・M	12	♂	8秒42	8秒45	+0.03秒
T・Z	不明(中1)	♂	8秒70	8秒50	−0.2秒
T・S	不明(中1)	♂	7秒35	7秒60	+0.25秒
S・K	不明(中1)	♂	9秒00	9秒26	+0.26秒
O・R	不明(中1)	♂	8秒93	8秒82	−0.11秒
Y・D	不明(中1)	♂	8秒82	8秒87	+0.05秒
T・Y	不明(中1)	♂	9秒34	9秒17	−0.17秒
Y・H	不明(中1)	♂	9秒91	9秒54	−0.37秒
D・H	12	♂	8秒24	8秒40	+0.16秒
K・R	12	♂	7秒70	7秒79	+0.09秒
M・R	12	♂	8秒40	8秒67	+0.27秒
K・T	12	♂	7秒80	7秒72	−0.08秒
H・M	12	♂	8秒46	8秒29	−0.17秒
T・N	13	♂	9秒00	9秒12	+0.12秒
M・K	不明(中1)	♂	8秒91	8秒53	−0.38秒

まず50メートル走のタイムを測り、走力アップ体操を指導したあとに再び50メートル走のタイムを測りました。

その結果、61人中34人のタイムが縮まり、有効率は55・7%でした。たった1回の指導で、2人に1人以上に効果が現れたのです。

タイムが上がった人の平均アップタイムは0・23秒で、最もタイムが縮んだ人は0・86秒も速くなっていました。

今後も継続すれば、さらに足が速くなることが期待できます。

イニシャル	年齢	性別	前のタイム	あとのタイム	タイム差
K・R	不明(中1)	♂	9秒10	9秒20	+0.1秒
K・T	不明(中2)	♂	9秒30	8秒90	−0.4秒
M・K	不明(中2)	♂	7秒60	7秒70	+0.1秒
G・K	不明(中2)	♂	7秒73	7秒64	−0.09秒
S・K	不明(中2)	♂	7秒20	7秒40	+0.2秒
T・G	13	♂	7秒30	7秒15	−0.15秒
M・H	不明(中2)	♂	8秒80	9秒20	+0.4秒
I・S	不明(中2)	♂	7秒80	7秒99	+0.19秒
S・S	不明(中2)	♂	7秒60	7秒70	+0.1秒
O・S	不明(中2)	♂	8秒00	8秒70	+0.7秒
S・S	不明(中2)	♂	7秒60	8秒20	+0.6秒
W・T	13	♂	7秒36	7秒34	−0.02秒
S・H	不明(中2)	♂	7秒10	7秒20	+0.1秒
K・Y	不明(中2)	♂	7秒99	7秒60	−0.39秒
H・K	不明(中2)	♂	7秒50	7秒69	+0.19秒
S・M	不明(中2)	♂	7秒82	7秒81	−0.01秒
Y・Y	不明(中2)	♀	8秒66	9秒00	+0.34秒
H・Y	不明(中2)	♀	8秒20	8秒40	+0.2秒
M・K	不明(中2)	♀	7秒69	8秒00	+0.31秒
O・Z	不明(中2)	♂	7秒27	7秒26	−0.01秒
S・R	不明(中2)	♂	8秒60	8秒54	−0.06秒
O・T	不明(中2)	♂	7秒70	7秒80	+0.1秒
N・A	不明(中2)	♂	7秒65	8秒44	+0.79秒
T・K	不明(中3)	♀	9秒68	9秒66	−0.02秒
M・R	不明(中3)	♀	8秒35	8秒31	−0.04秒
M・K	不明(中3)	♂	6秒97	6秒98	+0.01秒
H・K	不明(中3)	♂	7秒23	7秒30	+0.07秒
I・H	14	♂	7秒23	7秒13	−0.1秒
H・J	不明(中3)	♂	7秒10	7秒25	+0.15秒
H・I	不明(中3)	♂	7秒90	7秒60	−0.3秒
F・T	不明(中3)	♂	7秒70	7秒50	−0.2秒
A・H	27	♂	7秒12	7秒09	−0.03秒
M・H	29	♂	7秒68	7秒11	−0.57秒
T・Y	35	♀	10秒66	9秒80	−0.86秒

さらに足が速くなるための三つのキーワード

走力アップ体操を行えば、短時間で速く走れるようになるので、明日の運動会にも間に合わせることができます。

それでは、さらに時間をかけて、もっと足を速くしたい人はどうすればよいでしょうか。

そうした人におすすめの三つのキーワードがあります。

それは

「腕と足のタイミングを合わせる」

「かかとをお尻に近づける」

「股関節をダイナミックに動かす」

です。

速く走るためには、足だけでなく腕の動きも重要になります。よく「腕を大きく振れ」といいますが、大きく振ることよりもさらに重要なのが、足の動きとタイミングを合わせることです。これにより、より効率的に移動することができるのです。

腕と足を振るタイミングが重要

腕と足のタイミングを合わせる

また、かかとをお尻に近づけることを意識して足を動かすと、足をより前に出すことができます。このことは走力アップ体操の動きとも関連しています。

さらに、股関節をダイナミックに動かせるようになると、36ページでふれたハムストリングスだけでなく、腰椎《ようつい》（背の腰の部分）と大腿骨《だいたいこつ》（太ももの骨）をつなぐ腸腰筋《ちょうようきん》も正しく使えるようになります。足が速い人は腸腰筋をじゅうぶんに使っていることが、さまざまな研究によって明らかになっています。

そこで42ページからは、この三つのキーワードに沿ったドリル5種目を紹介します。走力アップ体操に加えて、5種目のうちのどれか一つを実行するだけでも、効果が倍増するはずです。

かかとをお尻に近づける

足をたたみ込むことを意識

股関節をダイナミックに動かす

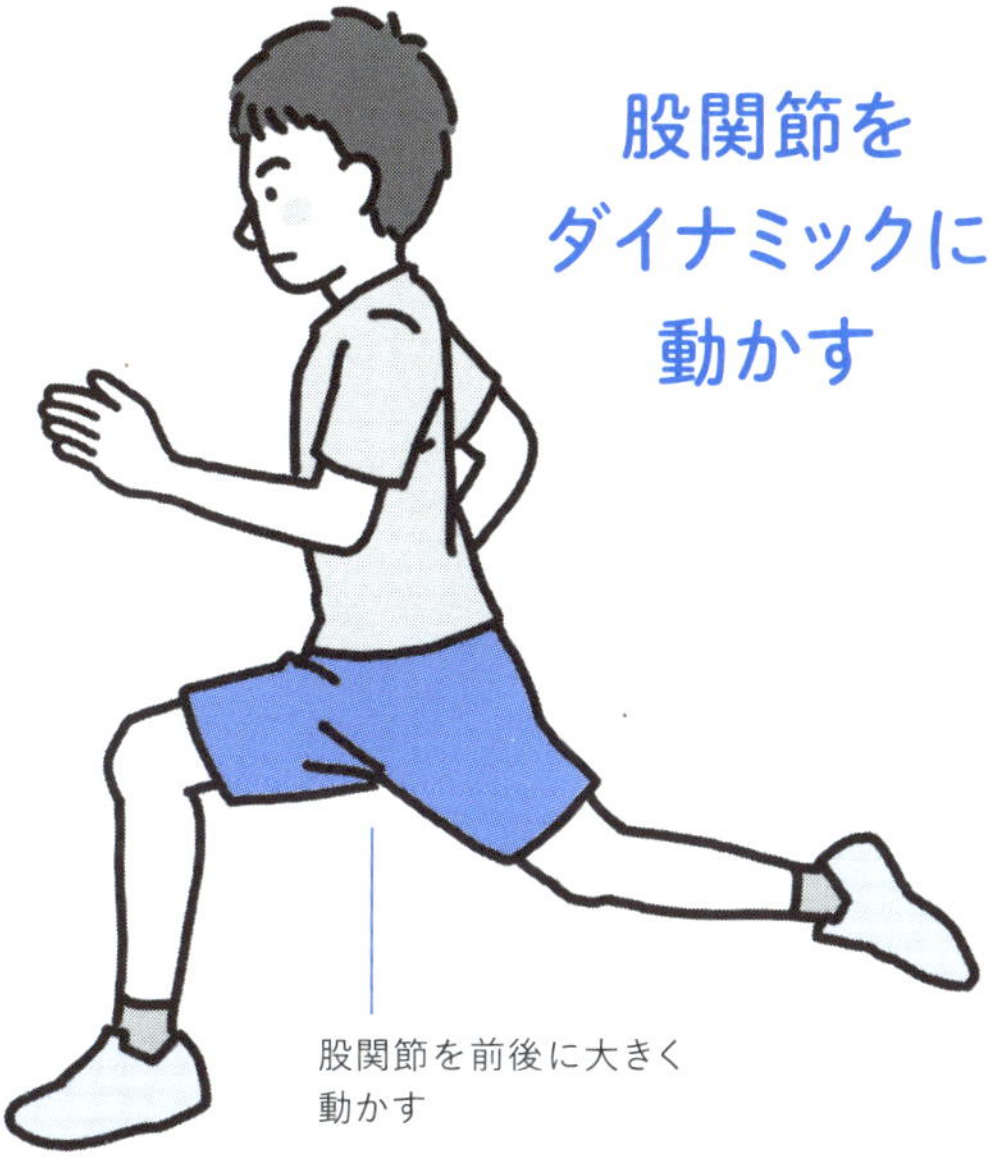
股関節を前後に大きく動かす

「腕と足のタイミングを合わせるドリル」のやり方

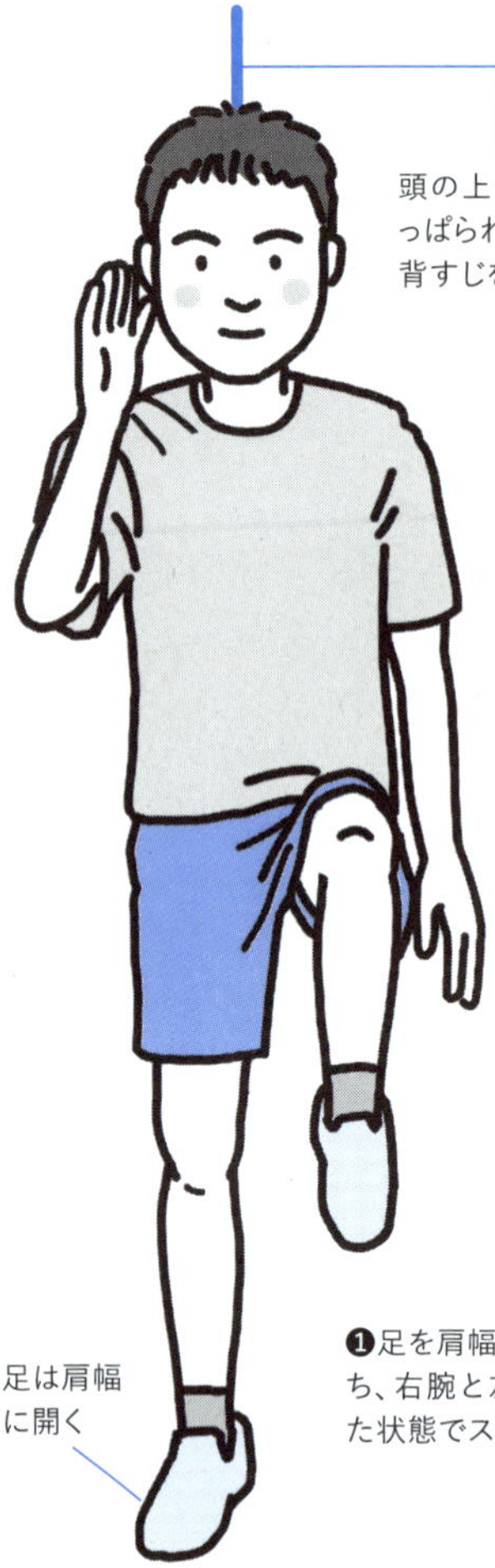
頭の上からヒモで引っぱられるイメージで背すじを伸ばす
❶足を肩幅に開いて立ち、右腕と左足を上げた状態でスタート
足は肩幅に開く

まず、腕と足を振る理想的なタイミングを体に覚えさせるドリルから紹介しましょう。

【腕と足のタイミングを合わせるドリルのやり方】

❶足を肩幅に開いて立ち、頭の上からヒモで引っぱられるイメージで背すじを伸ばし、右腕と左足を上げた状態でスタート

❷右腕を下ろすと同時に左足を下ろし、同時に左腕と右足を上げる

❸左腕を下ろすと同時に右足を下ろし、同時に右腕と左足を上げる

❹②〜③を20回くり返すことを1セットとし、2セット行う

一見すると、ずいぶん単純なドリルに思えるかもしれません。しかし、足が遅い人の大半は、この腕と足のタイミングがずれているのです。

右腕・左足と左腕・右足の上げ下ろしのタイミングはあくまでも同時です。どちらかが早すぎても遅すぎてもいけません。

このタイミングを習得することにより、腕の振りと足の振りの両方の力で効率よく前に進むことができるようになります。

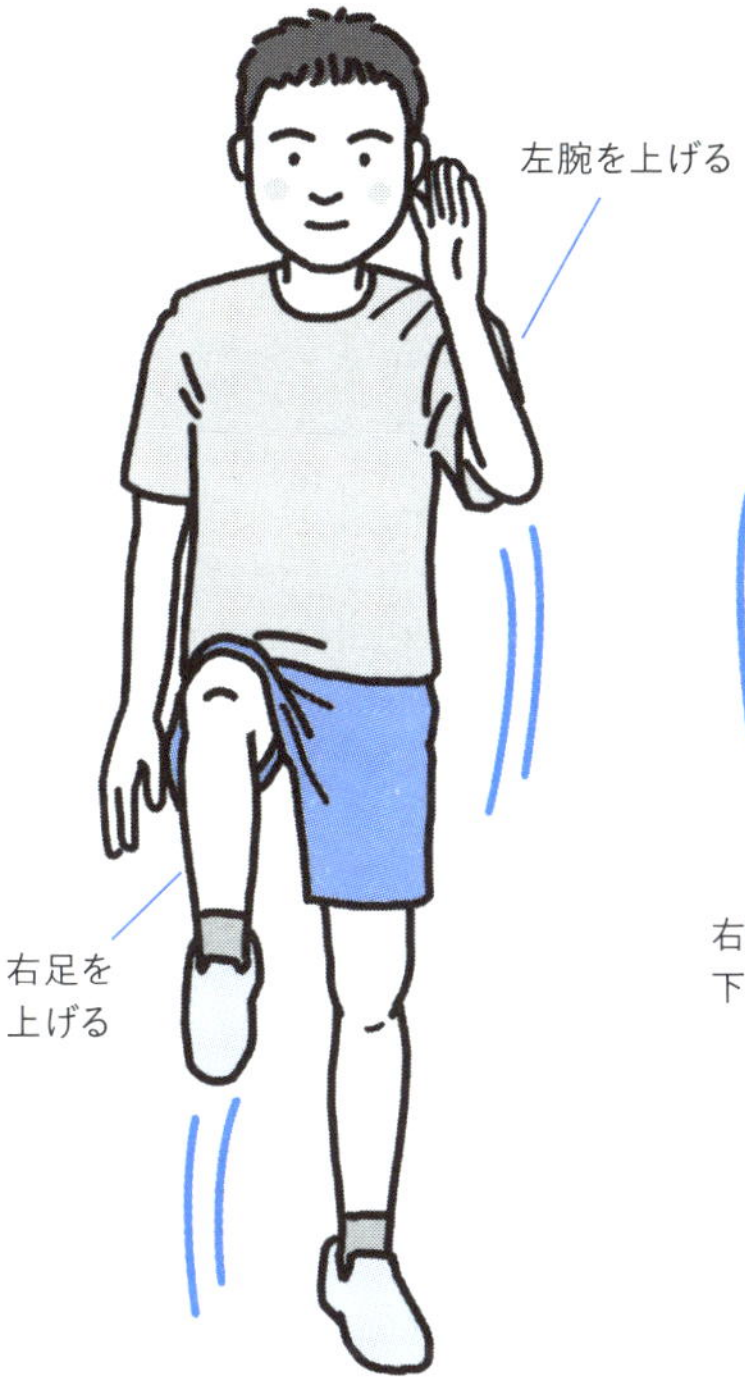

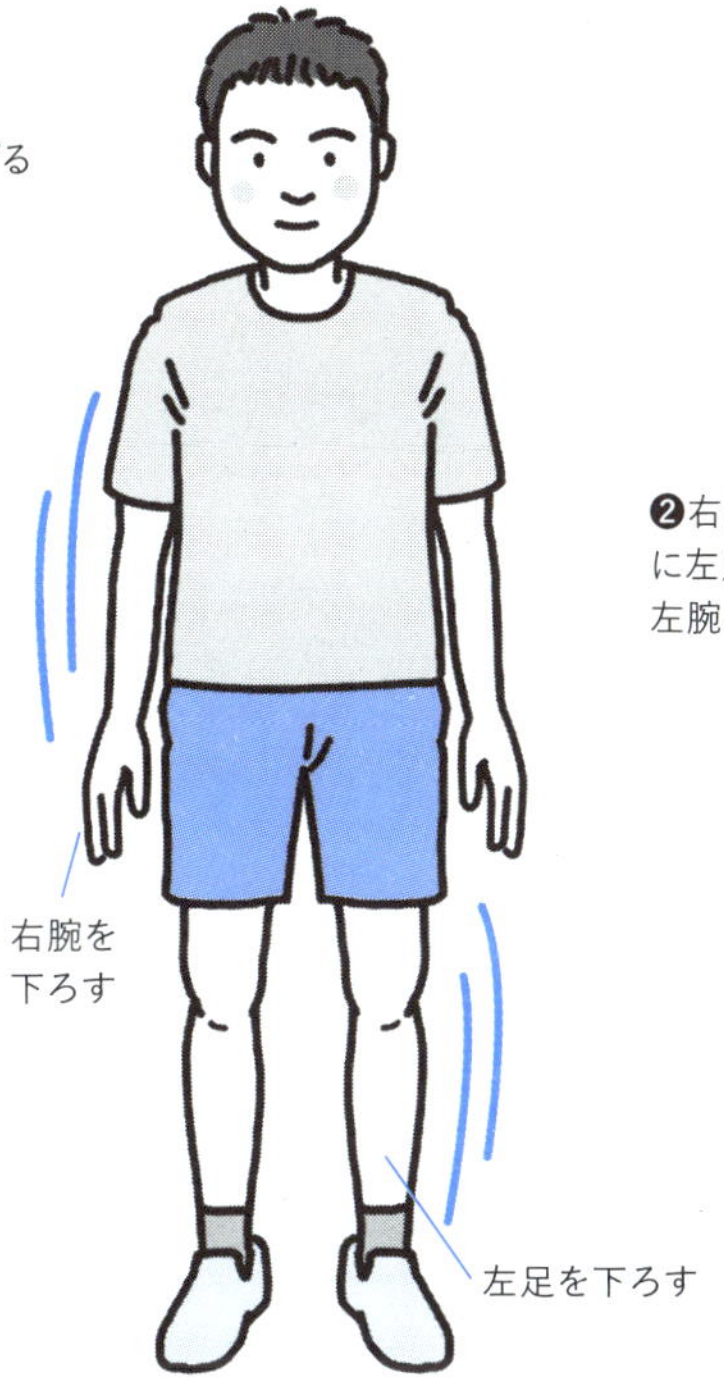

❷右腕を下ろすと同時に左足を下ろし、同時に左腕と右足を上げる

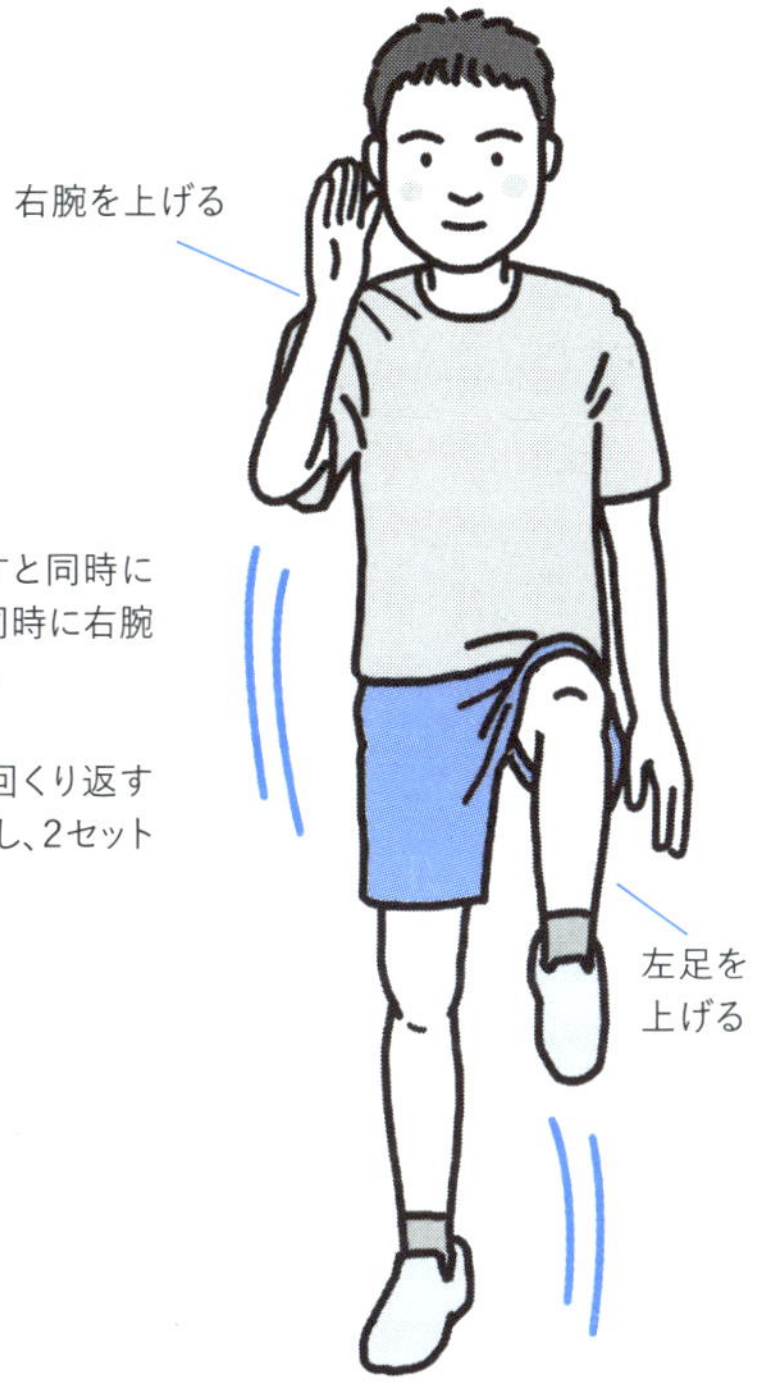

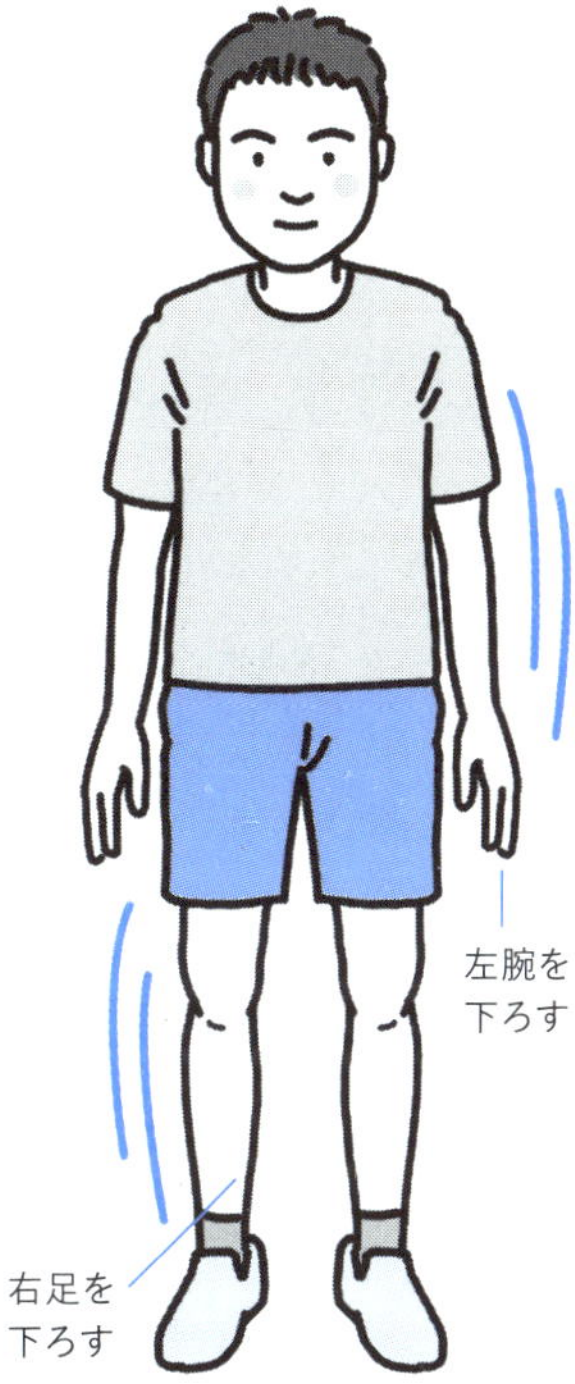

❸左腕を下ろすと同時に右足を下ろし、同時に右腕と左足を上げる

❹②～③を20回くり返すことを1セットとし、2セット行う

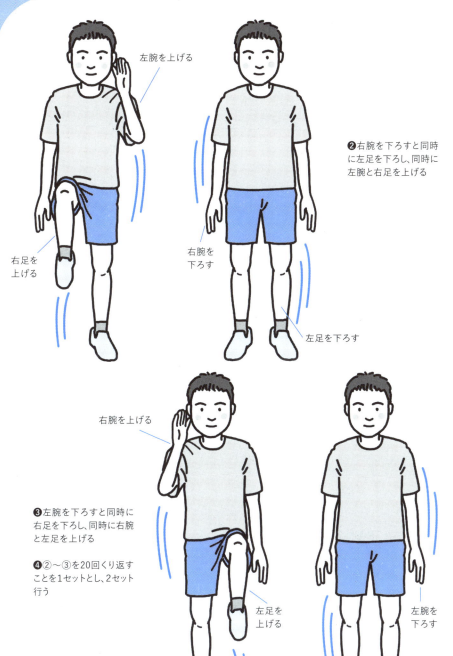

かかとをお尻に近づける「お尻たたき歩き」のやり方

次に、かかとをお尻に近づけるためのドリルを2種類紹介します。

ところで、速く走るためには、なぜかかとをお尻に近づける必要があるのでしょうか。

20ページで、走りにはランニング、ジョギング、スプリントの3種類があることを解説しました。このうち、ランニングとジョギングでは、かかとをお尻に近づけずにひざを前に出す省エネの走り方をします。

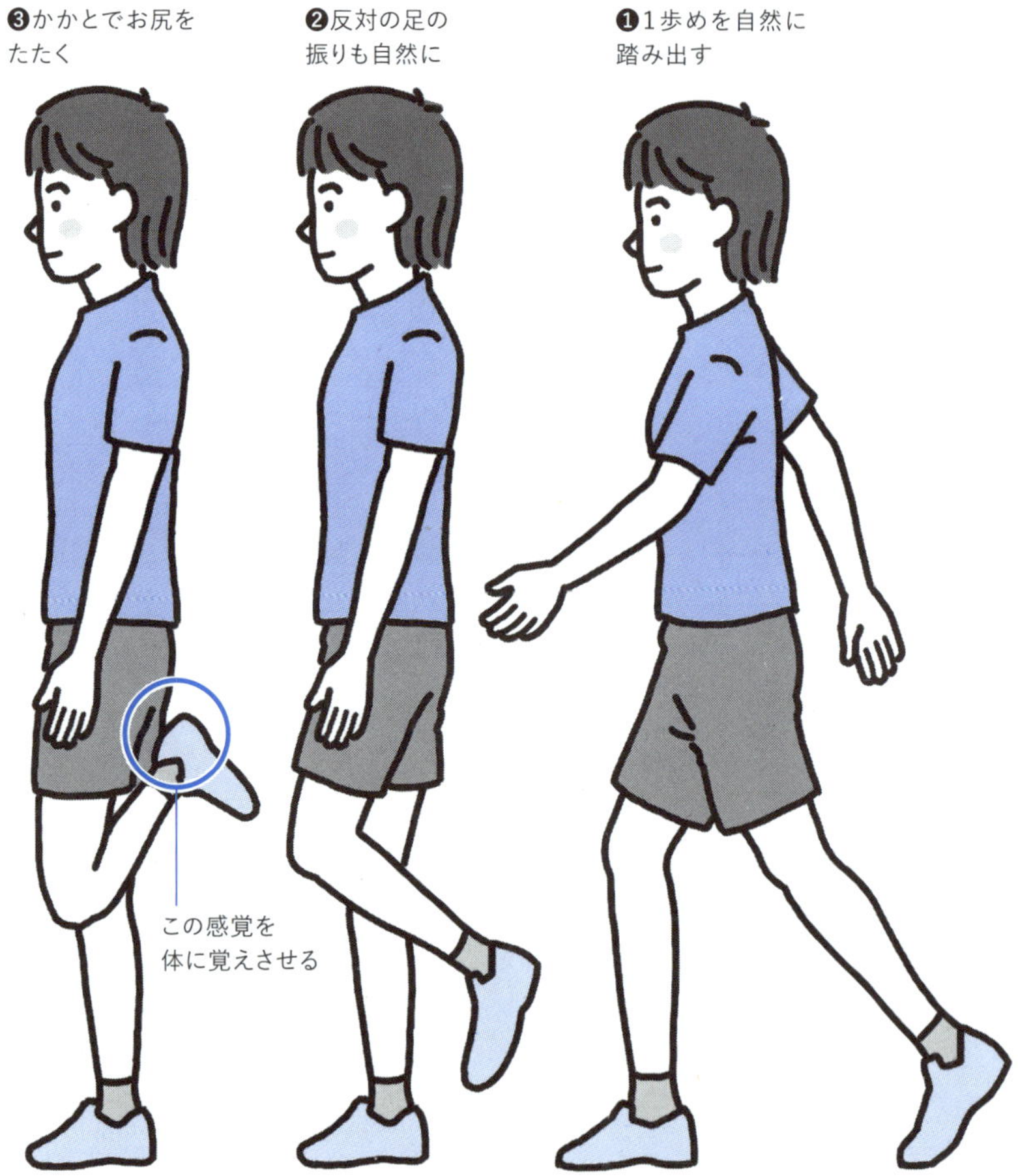

❶1歩めを自然に踏み出す
❷反対の足の振りも自然に
❸かかとでお尻をたたく
この感覚を体に覚えさせる

一方、スプリントでは、かかとをお尻に近づけて走ります。片方の足が着地した瞬間に、もう片方の足のひざが着地した足のひざを追い越したときに、地面からの反発力を得ることができます。そのためには、着地していないほうの足のかかとをお尻に近づけて足をスイングさせないと、タイミング的に間に合わないのです。

まずは、かかとをお尻に近づける感覚を体に覚えさせるために、かかとをお尻に近づけて歩いてみましょう。

【お尻たたき歩きのやり方】

❶足のかかとでお尻をたたきながら歩く

❷①のやり方で20歩前進することを1セットとし、2セット行う

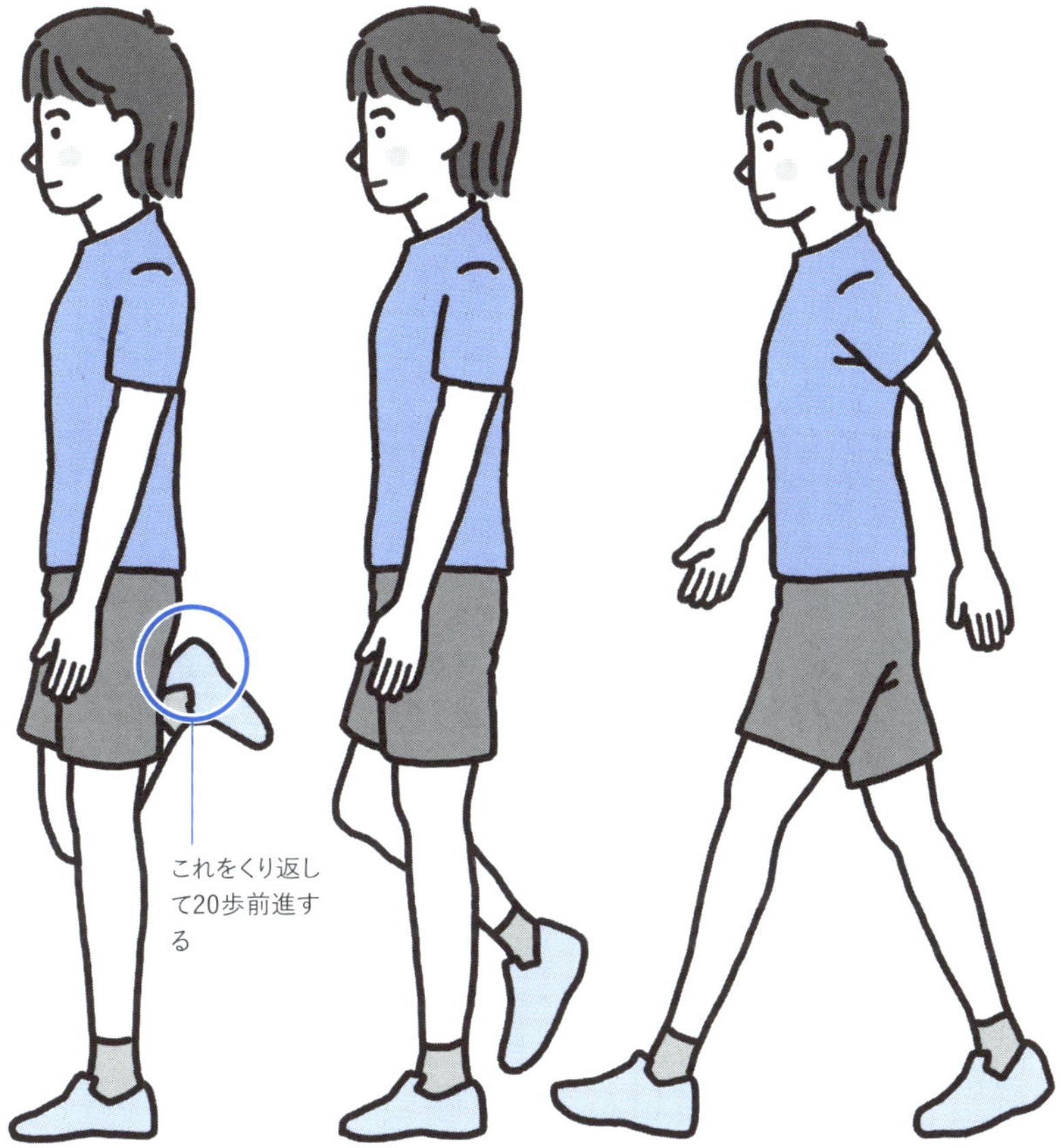
❹かかとでお尻を叩いた足を自然に踏み出す
❺反対の足を後ろに自然に振る
❻かかとでお尻をたたく
これをくり返して20歩前進する

かかとをお尻に近づける「お尻たたき走り」のやり方

かかとをお尻に近づける感覚をつかめたら、今度は同じ方法で走ってみましょう。

片方の足が着地したときに、反対の足のかかとでお尻をたたくのがポイントです。

回転軸である股関節に足を近づけることで、足をスムーズに回転させることができます。

【お尻たたき走りのやり方】

❶1歩めを踏み出す
❷反対の足を後ろにスイング
❸かかとでお尻をたたく
かかと歩きに比べてむずかしいがしっかりとたたく
両足が地面から離れている

❶足のかかとでお尻をたたきながら走る
❷①のやり方で20歩前進することを1セットとし、2セット行う

実際にやってみると、全項で紹介した「お尻たたき歩き」と比べて、かなりむずかしく感じるのではないでしょうか。

それは、第1章で述べたように、走るときは両足が地面から離れて体が空中に浮いている瞬間があるからです。

しかし、この足の動きが身につくと、後ろに振った足の太ももが後方に流れることがなくなり、片方の足が着地した瞬間に、もう片方の足のひざが追い越すという理想のタイミングを自然にとれるようになります。

❹かかとでお尻をたたいた足を前に踏み出す
❺反対の足を後ろにスイング
❻かかとでお尻をたたく
これをくり返して20歩前進する

大臀筋を刺激して股関節の可動域を広げる「足の後ろ振り」のやり方

最後に、股関節をダイナミックに動かすためのドリルを2種類紹介します。

まず、走力アップ体操の動きをより大きくする「足の後ろ振り」からです。

上体を前傾させて足を後ろに振ることにより、大臀筋《だいでんきん》（お尻の筋肉）を刺激して、股関節の可動域を広げることができます。

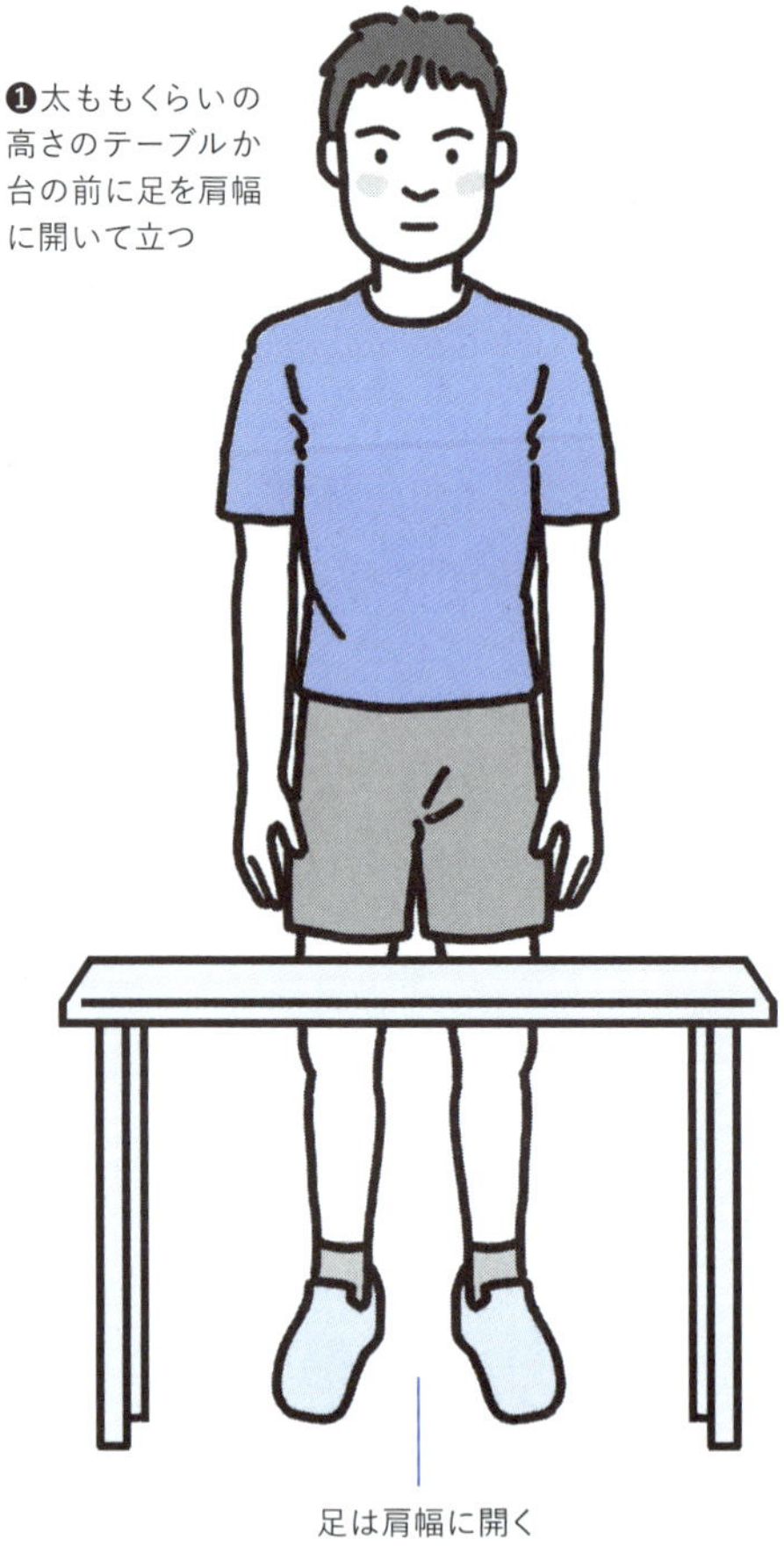
❶太ももくらいの高さのテーブルか台の前に足を肩幅に開いて立つ
足は肩幅に開く

【足の後ろ振りのやり方】

❶太ももくらいの高さのテーブルか台の前に足を肩幅に開いて立つ

❷背すじを伸ばして、両手をテーブルの上につけて体を安定させ、上体を前傾させる

❸左足のかかとを背中につける勢いで大きく後ろに振る

❹反動で足が前に行こうとするが、地面と垂直の位置で止め、再び足を大きく後ろに振る

❺③～④を10回くり返す

❻右足でも同様に行う

ポイントは、反動で前に行こうとする足を止めることです。これにより大臀筋が鍛えられます。

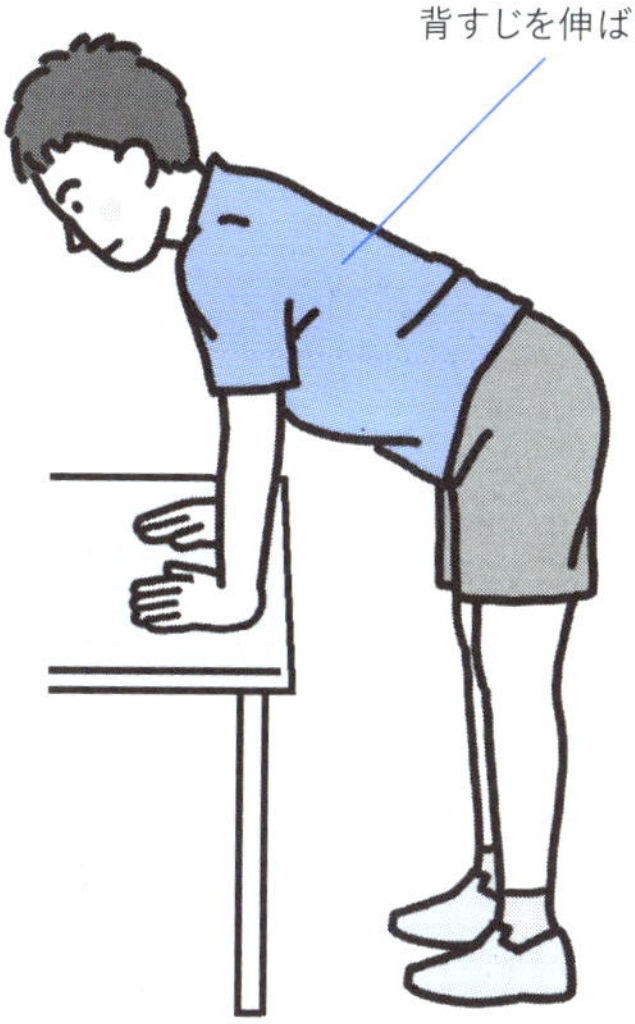

❷背すじを伸ばして、両手をテーブルの上につけて体を安定させ、上体を前傾させる

❸左足のかかとを背中につける勢いで大きく後ろに振る

❹反動で足が前に行こうとするが、地面と垂直の位置で止め、再び足を大きく後ろに振る

❺③～④を10回くり返す

❻右足でも同様に行う

空中にいる時間を長くする「腕の後ろ回しジャンプ」のやり方

股関節をダイナミックに動かすためのもう一つのドリルは、ジャンプ力を高める「腕の後ろ回しジャンプ」です。

❶足を肩幅に開き、背すじを伸ばして立つ
足は肩幅に

18ページで、走ることが歩くことと異なるのは、両足が地面から離れる瞬間があることだと説明しました。そして「両足が地面から離れることが、速く走るための重要なキーワードとなっている」と述べました。

人間が走るとき、この両足が地面から離れた瞬間に、足を前後に広げて股関節を思い切り広げています。ということは、できるだけ高くジャンプして空中にいる時間を少しでも長くしたほうが、股関節を大きく動かすことができ、しかも足を速く回転することもできるわけです。

【腕の後ろ回しジャンプのやり方】

❶足を肩幅に開き、背すじを伸ばして立つ

❷両腕を後ろに回し、手先が太もものあたりにきた瞬間に、真上にジャンプする

❸10～20回ジャンプすることを1セットとし、2セット行う

腕を後ろに回しながらジャンプすることで、より高く跳べるようになります。

ポイントは着地したときに足首やひざ、腰の関節を曲げないこと。足を棒のように真っすぐにした状態で着地することにより、地面からの反発をより大きくもらえるようになります。

❷両腕を後ろに回し、手先が太もものあたりにきた瞬間に、真上にジャンプする

❸10〜20回ジャンプすることを1セットとし、2セット行う

コラム
2

保護者や指導者のNG行為とは

子どもが自分の頭で考
えるように導いてほしい

子どもに対する期待が大きいばかりに、子どもの自己肯定感を下げるような言動をとってしまう保護者や指導者のかたがたが見受けられます。

とくに、マイナス面にばかり目を向けて、「なんでできないんだ!」「ちゃんとやれ!」といった感情的なことばでしかるのはさけたいものです。大人が子どもにするべきなのは、うまくできるように、また、やる気が出るようにフォローすることです。「いまのはどこが悪かったんだと思う?」「次はどんなふうにやってみようか?」など、子どもが自分の頭で考えるように導きましょう。

また、「○○ちゃんはずっと速い」「○○君はもっとがんばっている」など、他人と比較するのもやめてください。体の成長や身体能力には個人差があるので、他人と比較してもまったく意味がありません。

さらに、「目標タイムに届かなかったからグラウンド1周!」「練習をサボったからダッシュ10本!」など、走ることを罰則に使うのも禁忌《きんき》です。これでは、「走ること=つらいこと」と刷り込まれてしまいます。

8ページでもふれたように、足が速くなって得られる疾走感と爽快感を味わってもらうことが、本書の目的の一つです。保護者や指導者のかたがたは、そのことを常に頭の片隅に置いておいてください。

第
3
章

さらに足が速くなるコツを大公開

まずは正しいスタートのかまえから覚えよう

本章では、走力アップ体操に加えて実践すると、さらに足が速くなるコツを、スタートからゴールまでの場面ごとに切り取って、くわしく解説していきます。

まずは、スタートのかまえからです。最近は高学年になるとクラウチングスタートを採用する小学校もふえていますが、主流はスタンディングスタートなので、スタンディングスタートを中心に解説します。

よく、腰を開いて足先を斜めに向けてスタートの姿勢をとる人を見かけます。おそらく、その位置から全身を進行方向にひねることによってスタートの勢いをつけようとしているのでしょうが、これはマイナスでしかありません。

22ページで、速く走るとは同じ時間内に大きく移動することと述べました。移動先は自分の正面にあるのですから、体も足先も正面に向けなければ効率的に移動することはできません。

誤ったスタンディングスタートのかまえ

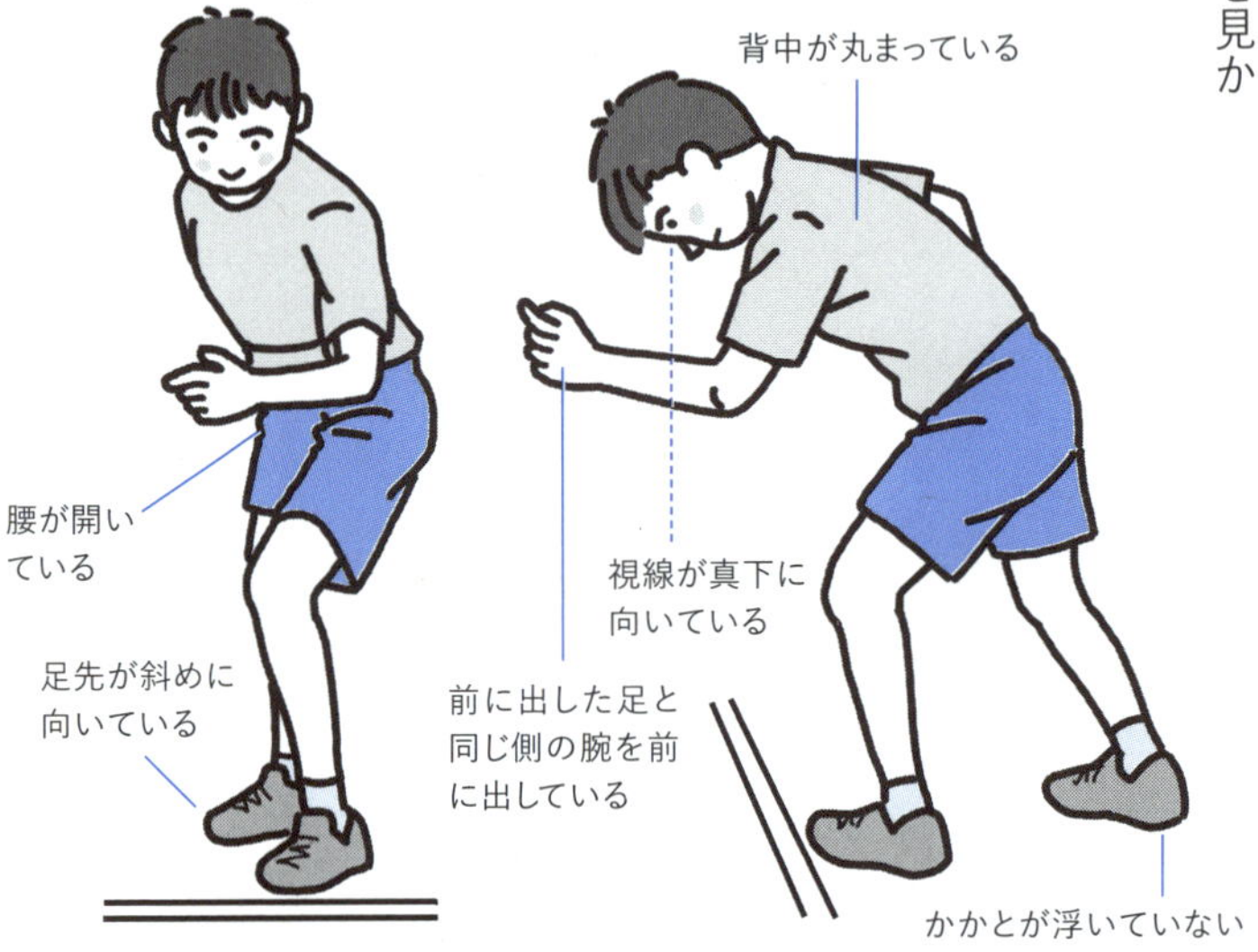
背中が丸まっている
腰が開いている
視線が真下に向いている
足先が斜めに向いている
前に出した足と同じ側の腕を前に出している
かかとが浮いていない

全身を正面に向けたら、一方の足を後ろに引きます。このとき、利き足を引いたほうが力強いダッシュができます。両足をそろえて立ち、体を前に倒したときに、自然に出た足が利き足になります。

　利き足を後ろに引いたら、背すじを伸ばして上半身を前傾させ、前足と反対側の腕を前に出します。この姿勢で前足に体重をかけ、ひざを深く曲げます。すると、後ろ足のかかとが自然と浮きます。

正しいクラウチングスタートのかまえ

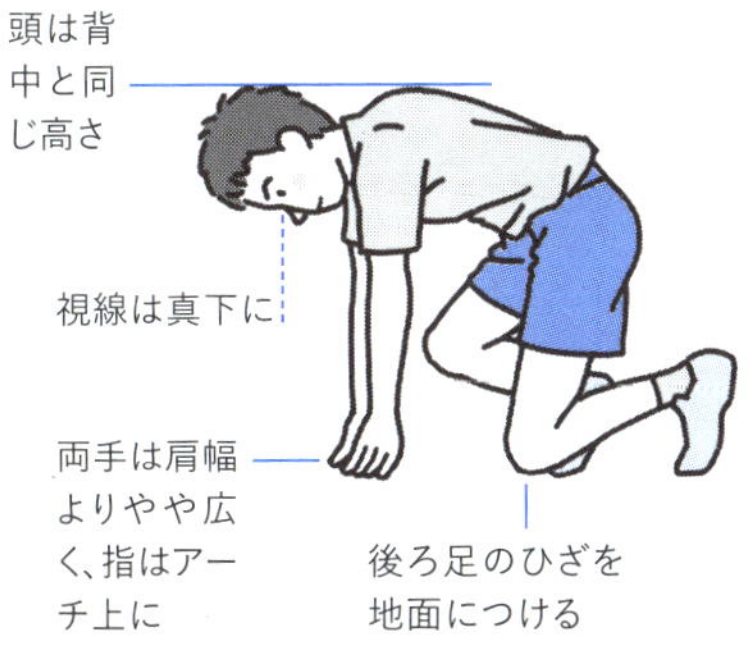
頭は背中と同じ高さ
視線は真下に
両手は肩幅よりやや広く、指はアーチ上に
後ろ足のひざを地面につける

前に出した腕はひじを軽く曲げますが、後ろに引いた腕のひじは曲げずに力を抜いて自然にかまえます。視線は足元から数十センチ先に向けます。

　これが正しいスタートのかまえになります。

正しいスタンディングスタートのかまえ

背すじを伸ばして前傾
全身を正面に向ける
前に出した足と反対側の腕を前に出す
前に出した足のひざを深く曲げる
かかとが自然と浮いている
視線は足元から数十センチ先に

スタートダッシュで差をつけろ！

正しいスタートのかまえから一気にダッシュをかけます。短距離走の場合、スタートダッシュで勝れば、そこから逆転される可能性は非常に低くなります。

スタートで重要なのは、重心をずらすことです。重心をずらすことで、その重心に向かって体を動かし始められるからです。

具体的には、両足のひざを軽く下に落とします。これにより、勢いよく飛び出すことが可能になります。

スタートの合図が鳴ったら、前足

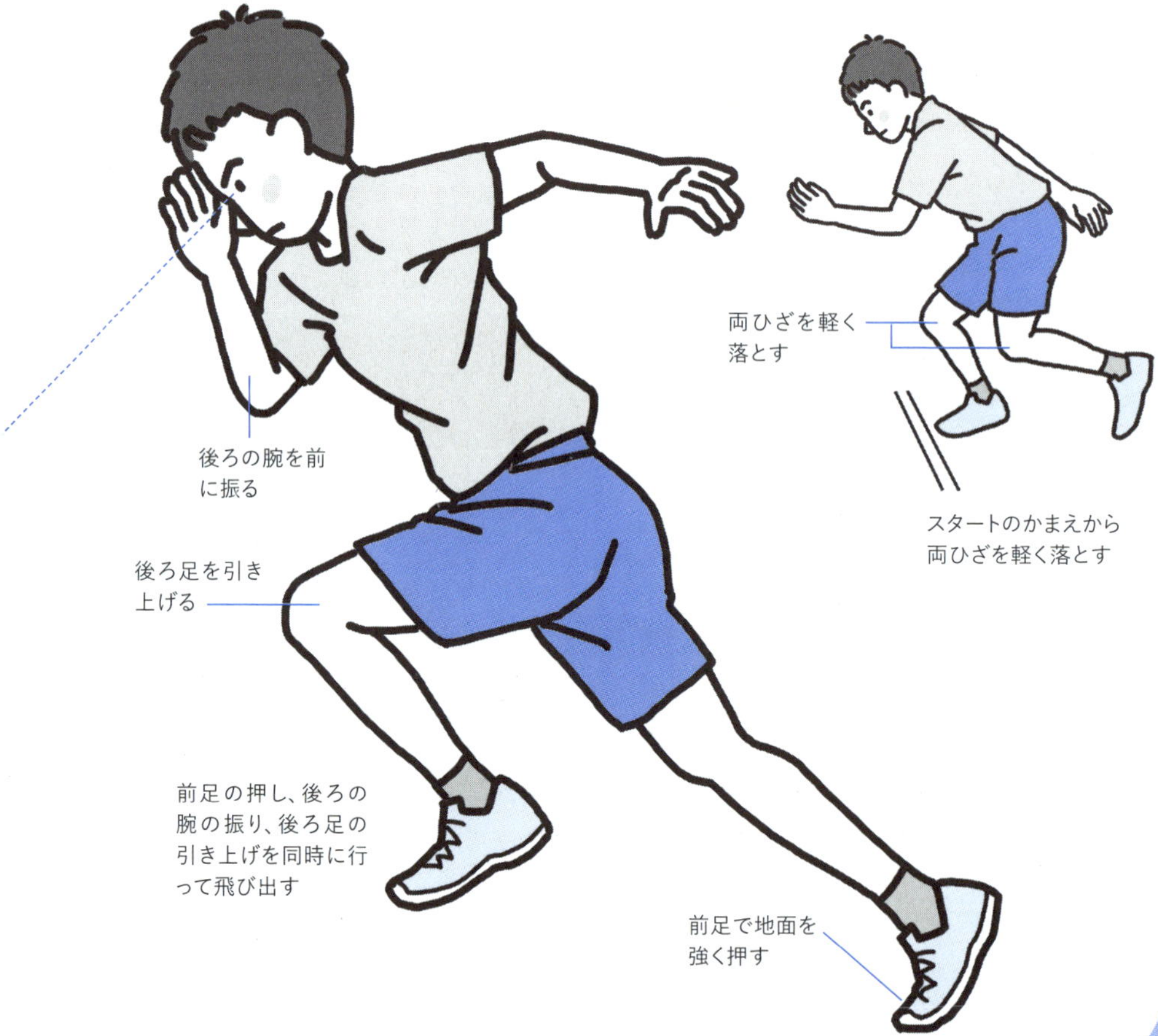

両ひざを軽く
落とす
スタートのかまえから
両ひざを軽く落とす
後ろの腕を前
に振る
後ろ足を引き
上げる
前足の押し、後ろの
腕の振り、後ろ足の
引き上げを同時に行
って飛び出す
前足で地面を
強く押す

で地面を強く押して飛び出すと同時に、後ろに引いた腕を思い切り振り、その推進力で後ろ足を強く引き上げます。前足の押し、後ろの腕の振り、後ろ足の引き上げを同時に行うのです。

　引き上げた足は体の後方で着地するイメージで、左右の股関節《こかんせつ》を前後に大きく開いて3～4歩走ります。ここまでがスタートダッシュの走りです。

　なお、この3～4歩はつま先だけで着地するように意識しましょう。視線は体の軸に対して直角が理想ですが、むずかしければ下を向いていてもかまいません。視線を上げると頭が後方に下がり、ブレーキがかかってしまいます。

クラウチングスタートの場合

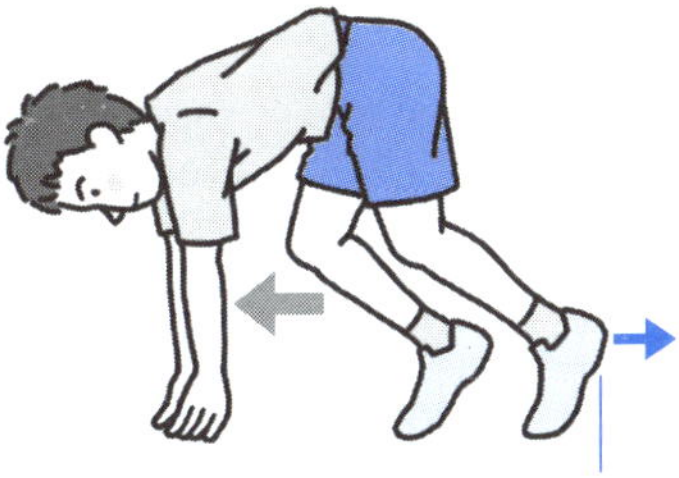
後ろ足のかかとを少しだけ後ろに押す

左右の股関節を前後に大きく開いて3～4歩走る
股関節を前後に大きく開く
視線は体の軸に対して直角が理想
引き上げた足を体の後方で着地するイメージ

加速期に注意することとは

スタートダッシュの3〜4歩のあとは加速期に入ります。車でいえば、スタートがローギアで力強くグイグイと進むのに対して、ギアをトップに入れてスピードを上げていくのが加速期です。

なお、スタートダッシュの3〜4歩というのは、そのように歩数が決まっているわけではありません。個人差はありますが、つま先だけで着地して走るのは3〜4歩が限界なのです。

加速期におけるパーツ別の速く走

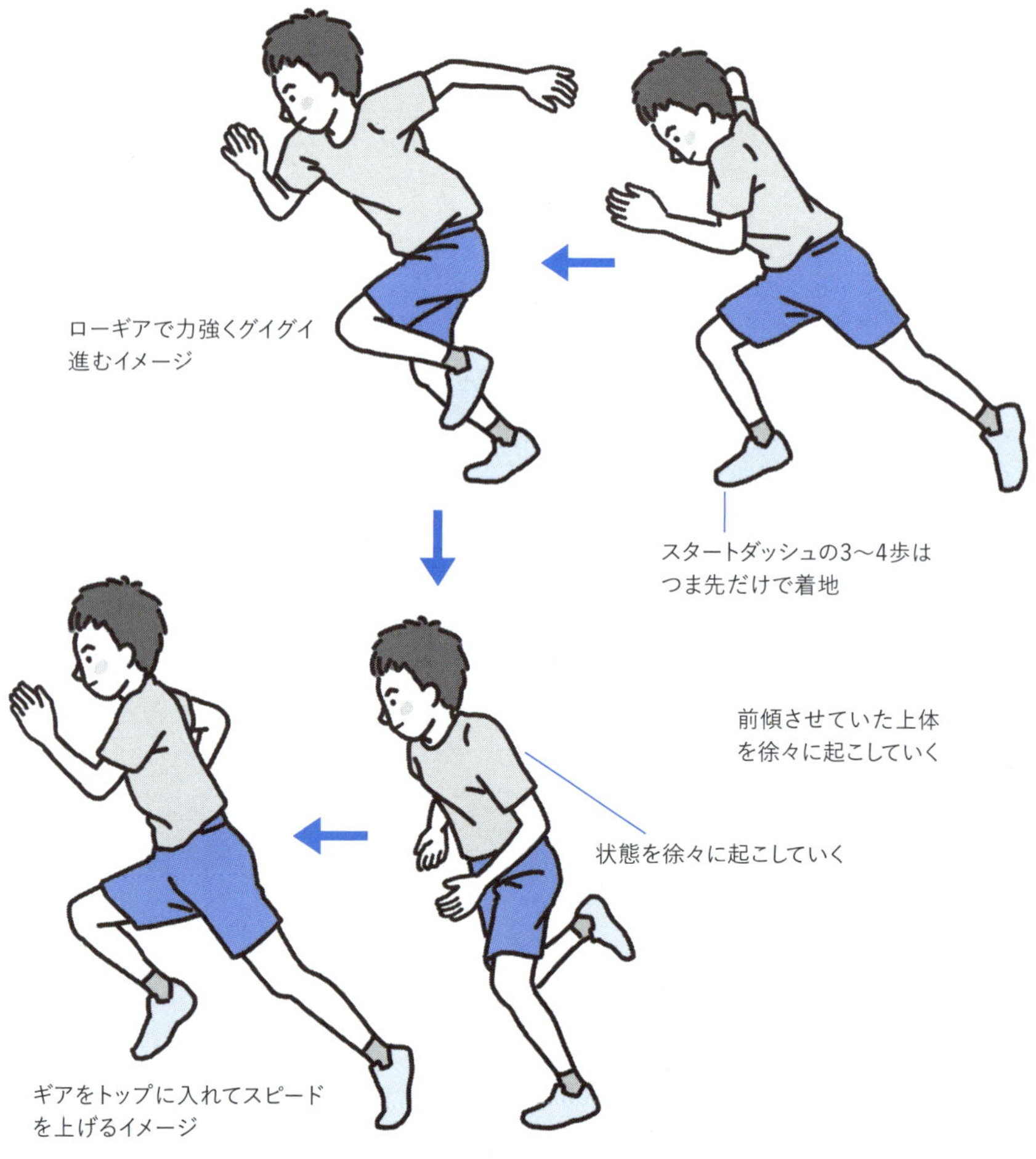

ローギアで力強くグイグイ
進むイメージ
スタートダッシュの3〜4歩は
つま先だけで着地
前傾させていた上体
を徐々に起こしていく
状態を徐々に起こしていく
ギアをトップに入れてスピード
を上げるイメージ

るコツは60ページ以降で解説していきます。ここでは、加速期を通して注意すべき点や意識することを紹介しましょう。

まず、加速期に入ったら前傾させていた上体を徐々に起こしていきます。上体を起こすと、自然と視線は前に向きます。なお、上体を後ろに反らすとブレーキがかかってしまうので注意してください。

そして、加速期には、大きく弾みながら走ることを意識しましょう。50ページで述べたように、できるだけ高くジャンプして、空中にいる時間を少しでも長くしたほうが、股関節を大きく動かすことができ、しかも足を速く回転することができるからです。

つまり、加速期とは、歩幅を広げると同時に回転数も上げて、より大きく移動する時間帯なわけです。

大きく弾みながら走ることを意識する
歩幅を広げると同時に回転数も上げる
大きく弾むことを意識
股関節を前後に大きく動かす

※カーブを走るときは歩幅を狭くして足を速く回転させると、スピードを落とさずに走ることができる

足を上から振り下ろすドライブ動作とは

ここからは加速期におけるパーツ別の速く走るコツを解説していきます。まず足の動かし方からです。

速く走るためには、地面からの反発力を最大限に利用しなければなりません。着地したときに地面に大きな力を加え、地面から大きな反発力をもらえれば、それだけ高く弾むことができます。高く弾むことができれば、その分、大きく移動できるのは前述したとおりです。

ドライブ動作では足を
上から振り下ろす
体の真下に着地する

地面に最も強い力を加えるには、すなわち、最も強い地面からの反発力を得られるのは、体の真下に着地したときです。この足を上から振り下ろす動作を「ドライブ動作」といいます。

ドライブ動作で大切なのは、足首やひざ、腰の関節を曲げて着地の衝撃を緩衝《かんしょう》しないように意識することです。体を1本の棒にしたイメージで、関節を曲げないように意識して足を強く振り下ろしましょう。

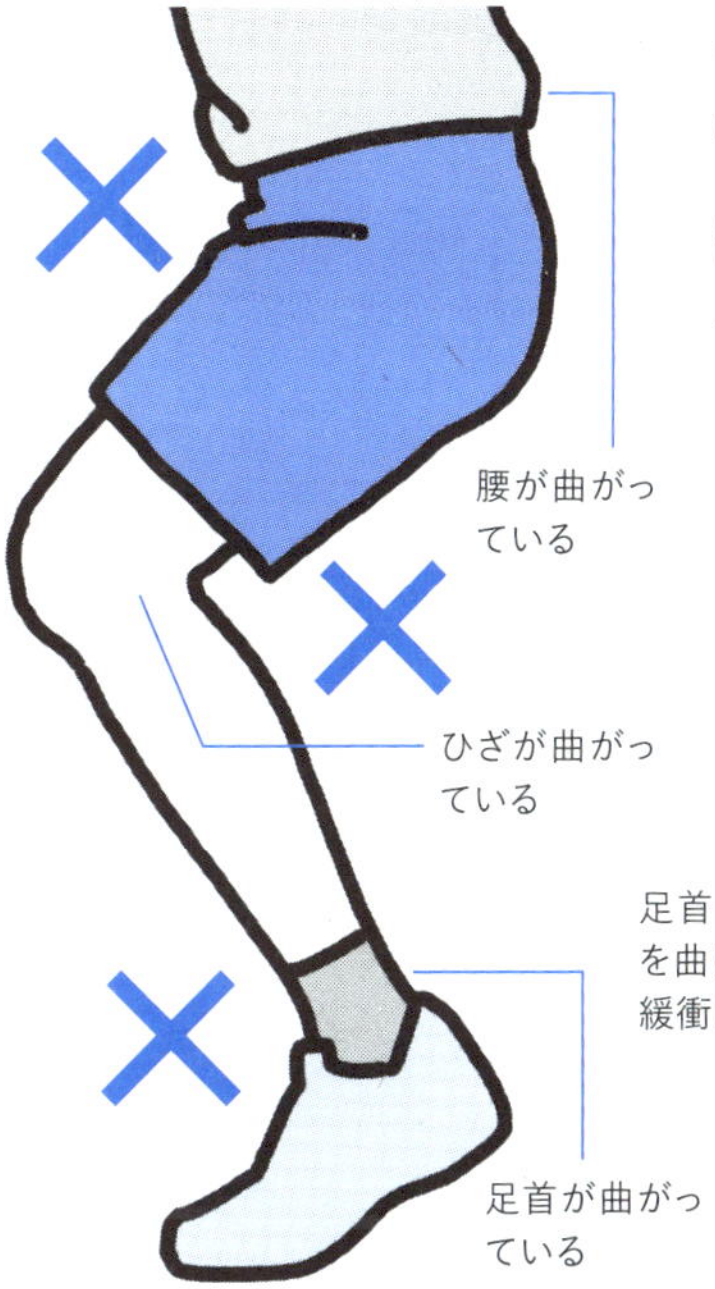
腰が曲がっている
ひざが曲がっている
足首やひざ、腰の関節を曲げて着地の衝撃を緩衝しない
足首が曲がっている

体を1本の棒にしたイメージで、関節を曲げないように意識して足を強く振り下ろす
関節を曲げないことを意識する

地面の反発力を前に進む力に変えるスイング動作

ドライブ動作で地面から反発力をもらったら、そのエネルギーを前に進む力に変える必要があります。そのための足の動きをスイング動作といいます。

スイング動作とは、文字どおり足を前に振り出す動きを指します。スイング動作で重要なのは、ひざから下は意識せずに、太ももを体の前で動かして、前方に弾んでいくイメージで行うことです。

走っているとき、足を前後に振っているように見えます。しかし、これは足を前に振り出したときのエネルギーが残っていて、振り子のようにひざから下が後ろに上がっているにすぎません。あくまでも太ももは前にスイングしており、後ろには流れていないのです。

スイング動作では足を前に振り出す
地面からの反発力を前に進む力に変える

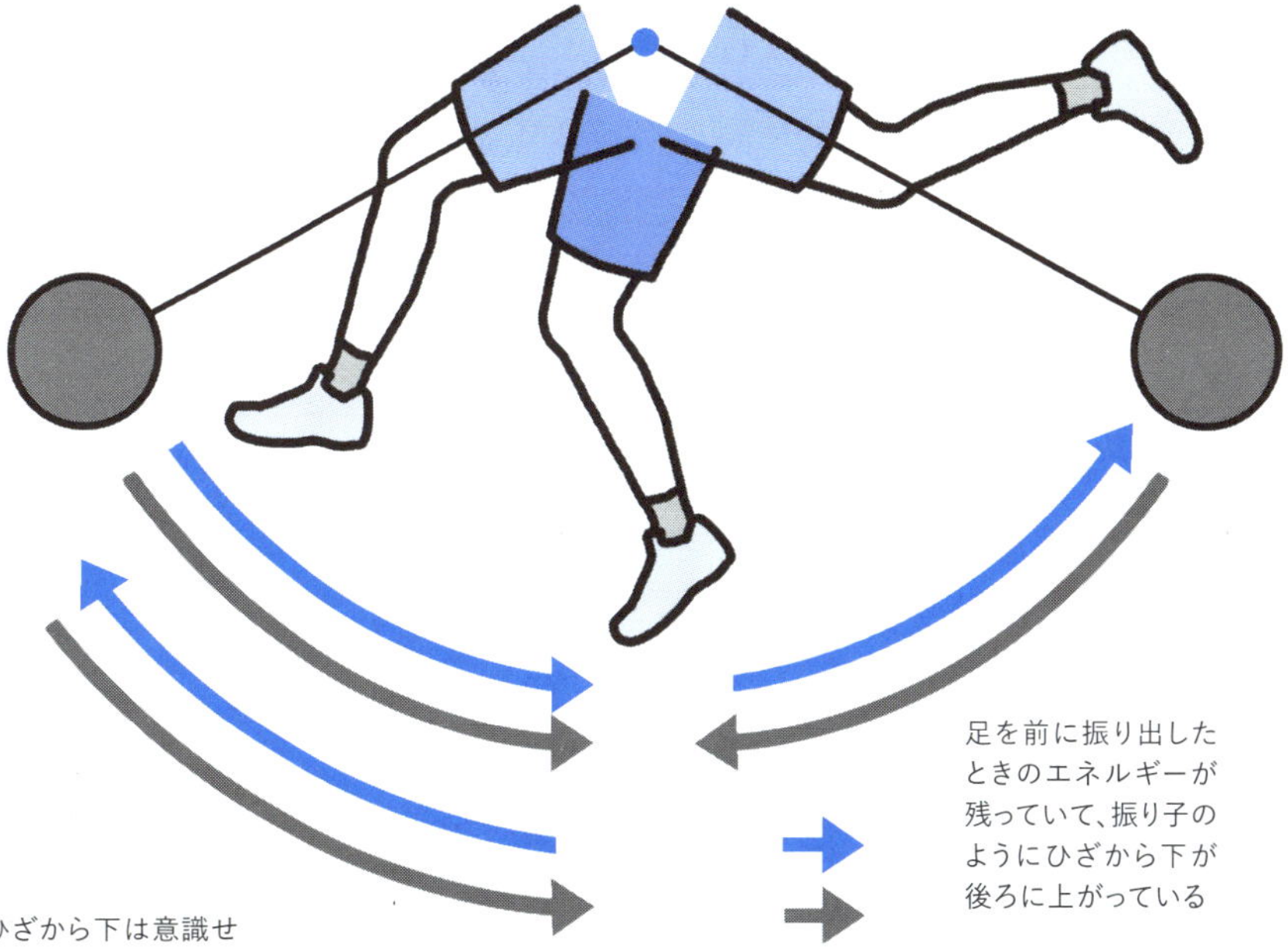

ひざから下は意識せずに、太ももを体の前で動かして、前方に弾んでいくイメージで行うこと

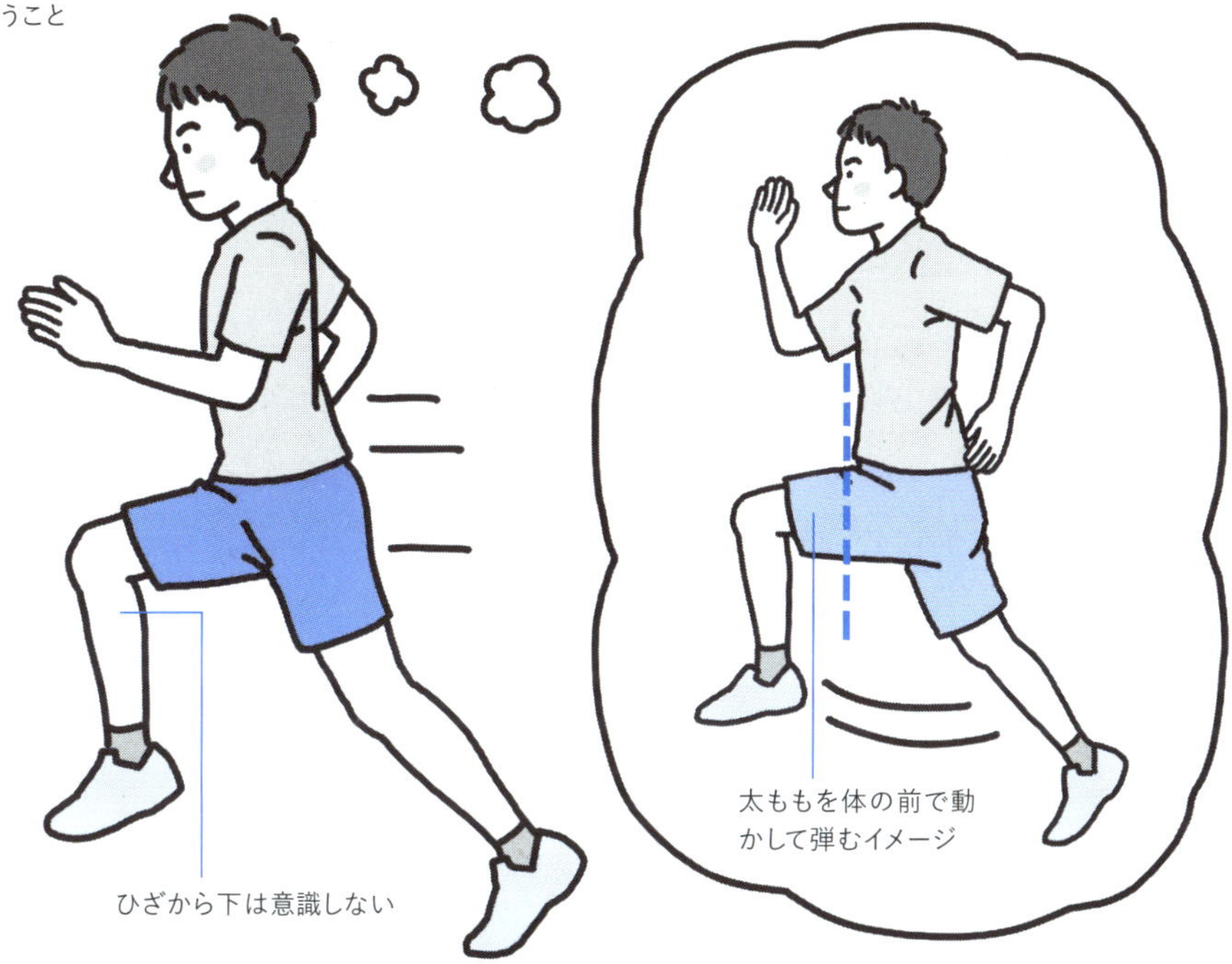

着地した瞬間にもう片方の足のひざが追い越す

それでは、ドライブ動作とスイング動作を組み合わせて、具体的に足をどのように動かせばよいのでしょうか。

最も重要なのは、ドライブ動作とスイング動作のタイミングです。ドライブ動作をした瞬間に、その足のひざをもう片方の足のひざがスイング動作によって追い越さないと、太ももが後ろに流れる走りになってしまうからです。

ドライブ動作をした瞬間に、その足のひざをもう片方の足のひざがスイング動作によって追い越すタイミングで走る
かかとをお尻に近づける
ドライブ動作をした瞬間にその足のひざをスイング動作した足のひざが追い越す

このタイミングを保ちつつ、太ももを体の前へ前へと動かし、後ろにはひざから下だけを振ります。このとき、後ろに振った足のかかとをお尻に近づけるようにすると、太ももが後ろに流れることがありません。

20ページで述べたように、ランニングとジョギングは太ももが後ろに流れる走り方をしており、スプリントではかかとがお尻に近づく走り方をしています。

これまでランニングやジョギングの走り方をしていた人がスプリントの走り方に変えると、ふくらはぎが痛くなることがあります。しかし、これはそれまで使っていなかった筋肉を使ったことによる一時的な現象なので心配ありません。スプリントの走り方が身につくにつれて痛みは引いていきます。

太ももを体の前へ前へと動かし、後ろにはひざから下だけを振る
太ももを前へ前へと動かす
後ろにはひざから下だけを振る

つま先～母指球～土踏まず～かかとの順で着地

スタートダッシュでは、つま先のみで着地して3～4歩走ると述べました。それでは、加速期の着地はどのようにすればよいのでしょうか。

ランニングにおける着地には、つま先から着地するフォアフット走法、足の裏全体で着地するミッドフット走法、かかとから着地するリアフット走法の3種類があります。それぞれにメリットとデメリットがありますが、スプリントに限ってはフォアフット走法がおすすめです。

これは少しでも高く弾むためです。ボールを地面に落として高く弾ませるためには、ボールを空気でパンパンにして着地面積を狭くする必要があります。空気の抜けたボールでは着地面積が広くなって高く弾みません。

足の裏全体で着地すると着地面積が大きくなってしまいます。かかとで着地すると確かに着地面積は狭くなりますが、重心が後ろになりブレ

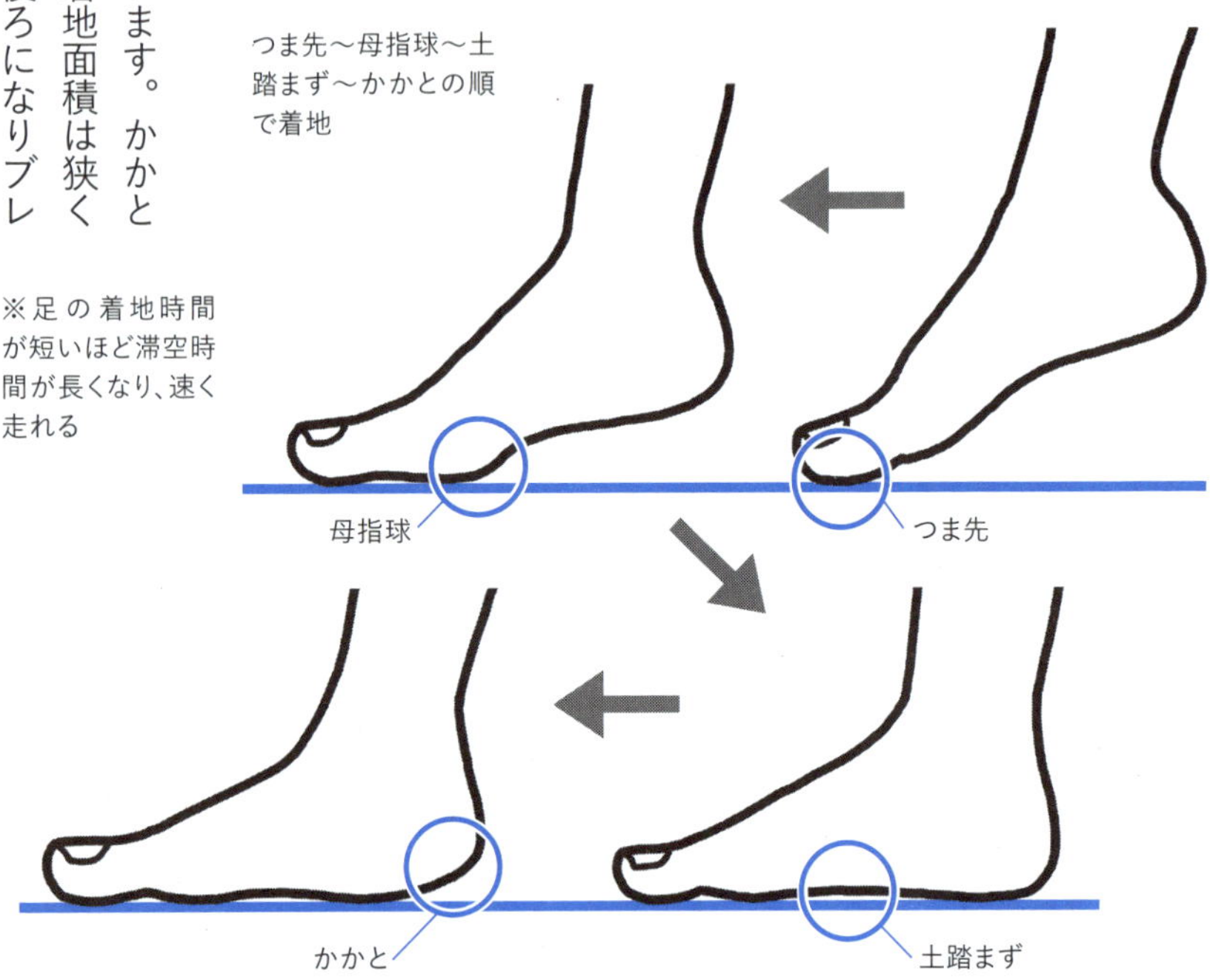

つま先～母指球～土踏まず～かかとの順で着地

※足の着地時間が短いほど滞空時間が長くなり、速く走れる

ーキがかかってしまいます。そのため、つま先で着地する必要があるのです。

ただし、56ページで述べたように、つま先だけで走るのには限界があります。そのため、つま先で着地したら、母指球《ぼしきゅう》（足の親指の下にあるふくらみ）～土踏まず～かかとの順で着地します。

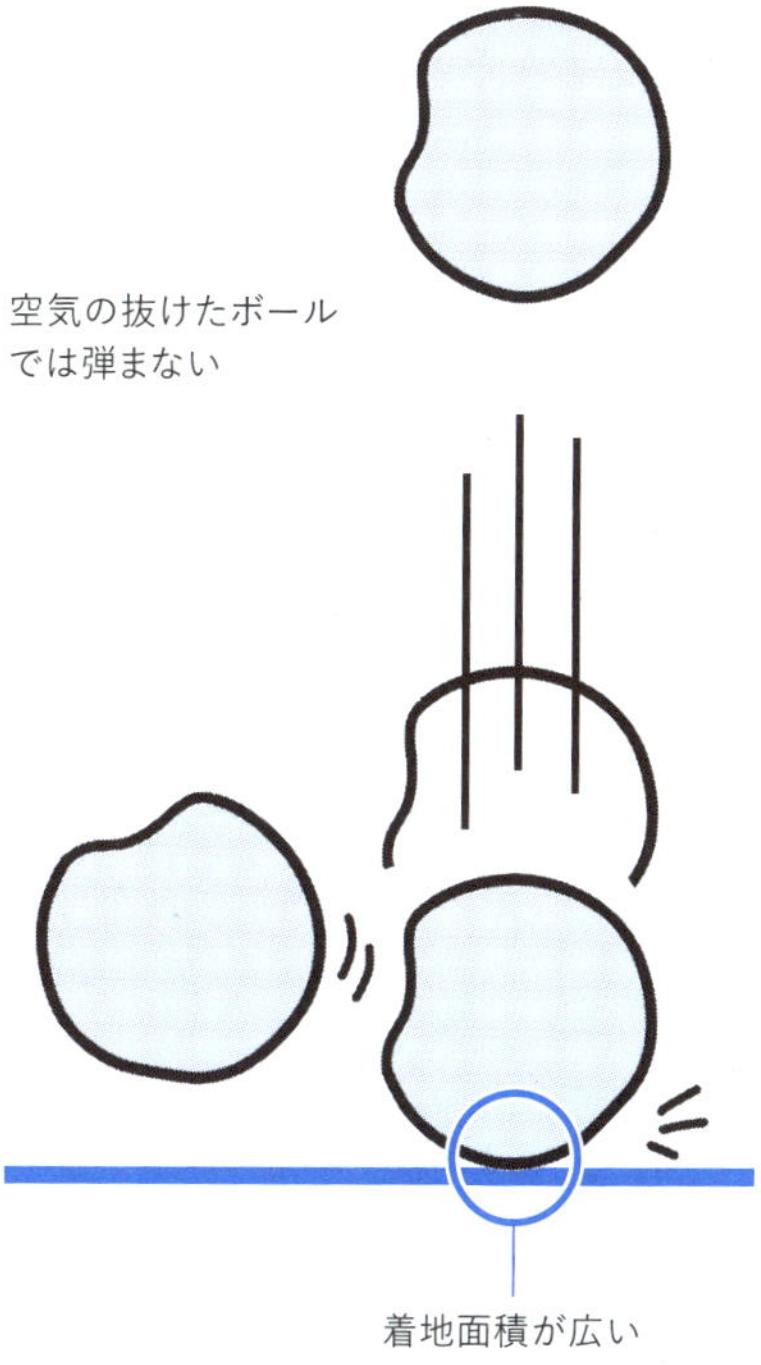

空気の抜けたボールでは弾まない
着地面積が広い

かかとで着地したときにアキレス腱《けん》が伸びるので、地面の反発力にアキレス腱のバネが加わり、さらに高く跳べるようになります。最後は足の甲が前に出て、前にも大きく跳べるようになります。

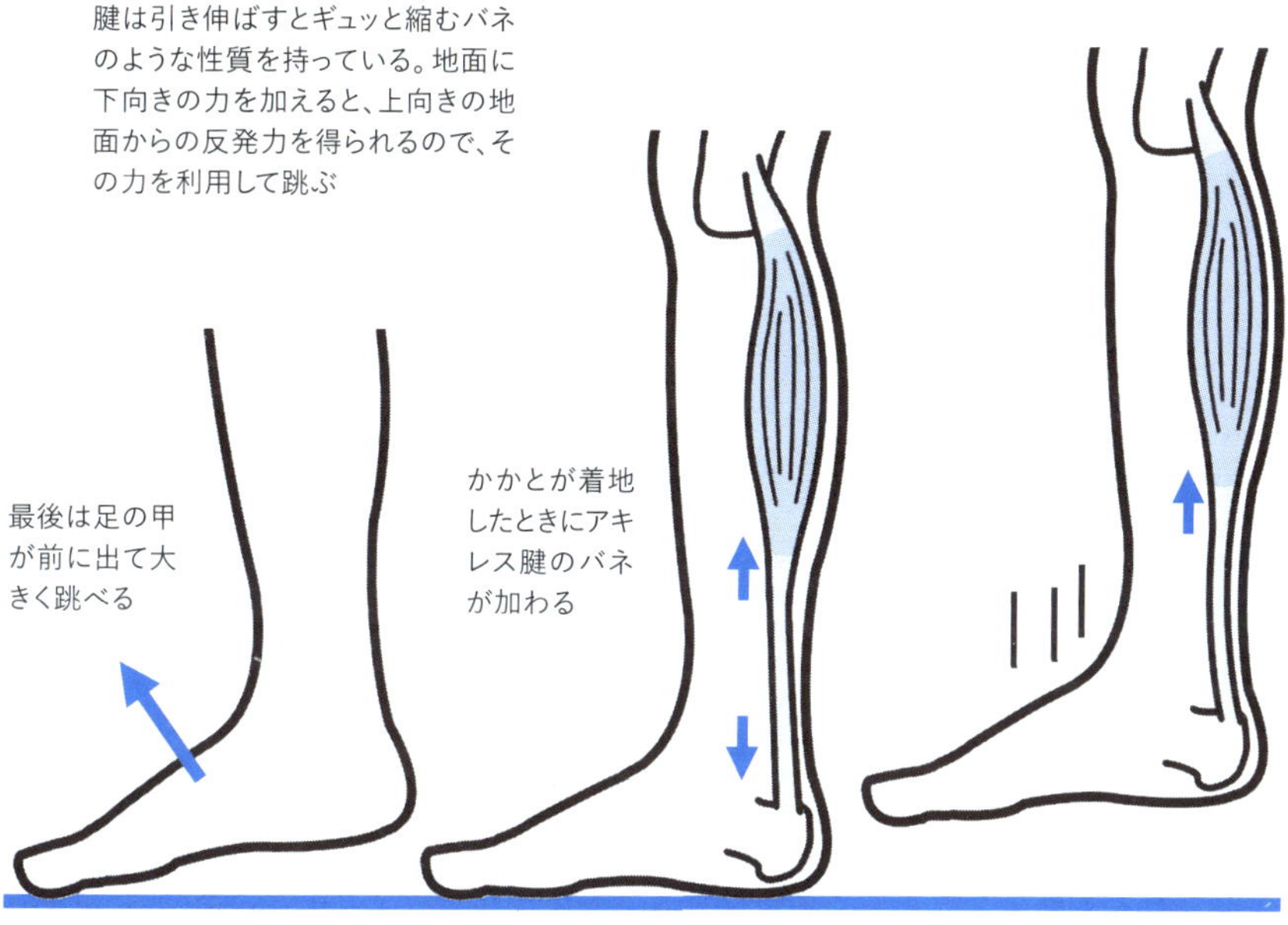

腱は引き伸ばすとギュッと縮むバネのような性質を持っている。地面に下向きの力を加えると、上向きの地面からの反発力を得られるので、その力を利用して跳ぶ
最後は足の甲が前に出て大きく跳べる
かかとが着地したときにアキレス腱のバネが加わる

つま先を真っすぐ前に向けて一直線上を走る

足の使い方の最後に、前項の方法で着地した足をどのように運ぶかを解説しましょう。

いちばん大切なのは、つま先をゴールに向かって真っすぐ向けて走ることです。男子に多いガニ股や、女子に多い内股で走ると、力を向ける方向が斜め前になるためスピードが出ません。

かといって、モデルが歩くように一直線上を走っては、上体がぶれて、

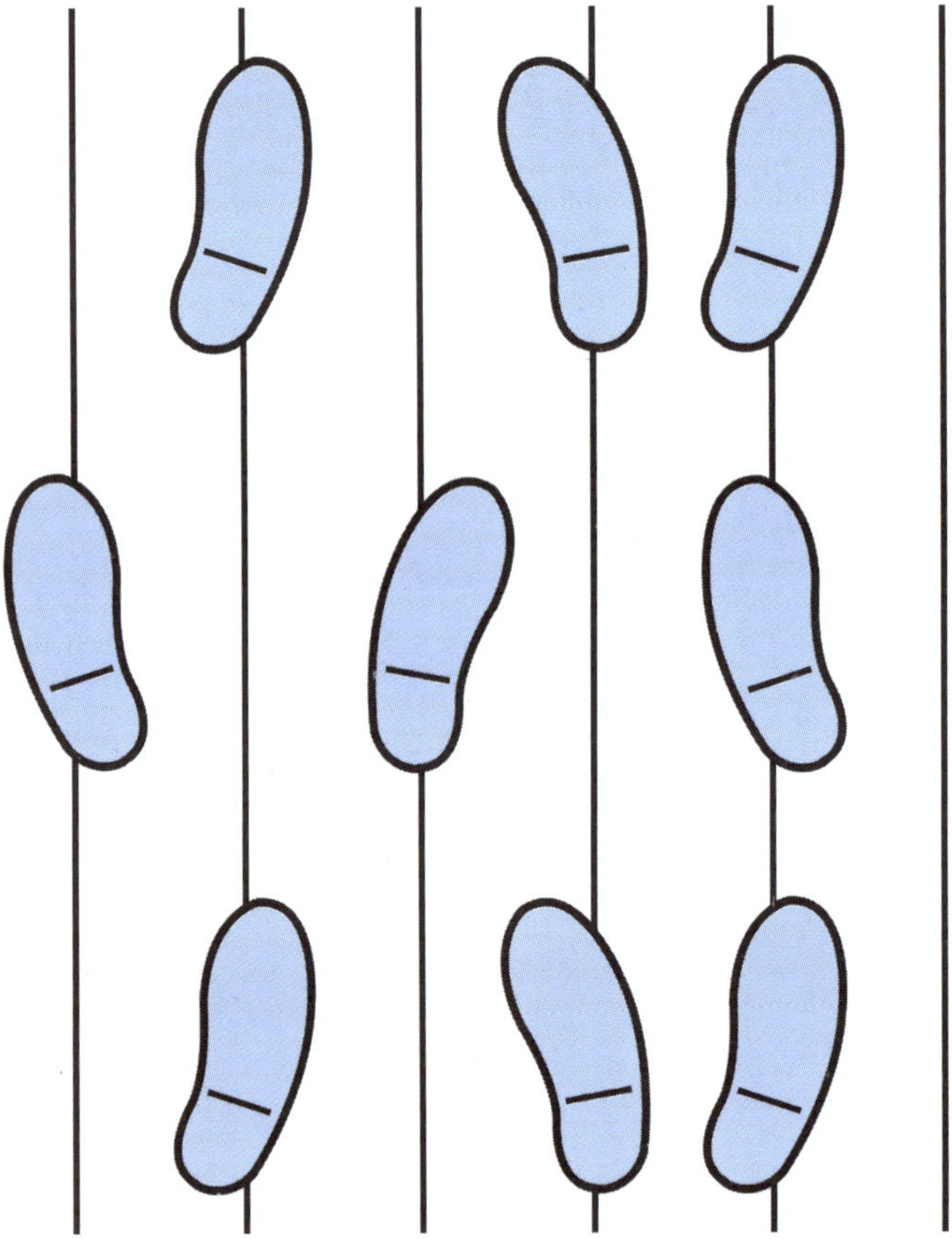

ガニ股、内股、一直線上走りではスピードに乗れない

エネルギーのロスにつながります。

地面の反発力を最大限にもらうには、二直線上を走ることです。骨盤《こつばん》の真下に着地して、コースに引かれたラインの幅（約5センチ）をまたぐ程度に離れた二直線上を走るのが最も効率的です。

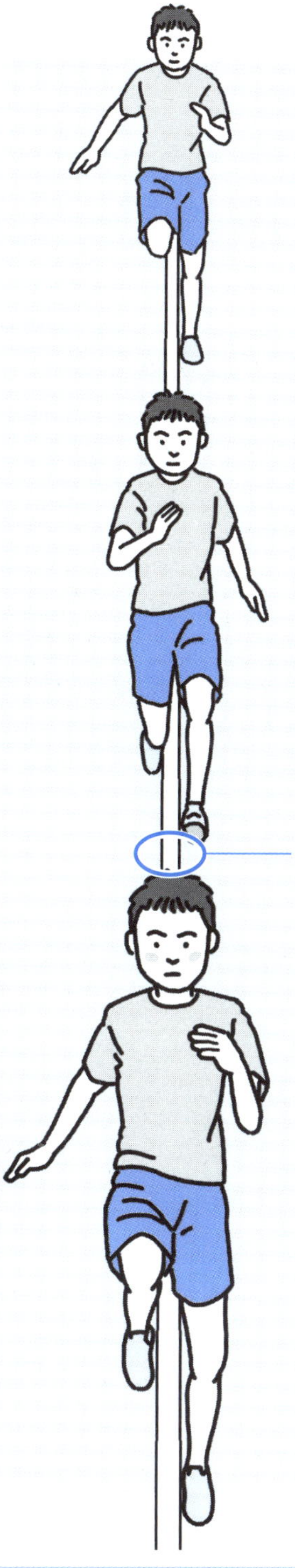
つま先を真っすぐ前に向けて二直線上を走る
約5センチの幅に離れた二直線上を走る

腕は後ろへ大きく前へ小さく振る

次に、加速期における腕の振り方について解説します。

スタート時においては、地面からの反発力をもらえないため、腕を後ろから前に思い切り振って推進力を加えることが重要と述べました。しかし、加速期においては、後ろへ大きく、前に小さく振ることが重要となります。

なぜなら、加速期においても腕を前に大きく振ると、力が上に向いてしまい、前に進みづらくなってしまうからです。

そのため、ひじをたたんで指先が胸につくくらいの意識で、腕を前に小さく振る必要があるのです。これによって、腕の振りの回転を上げて、力を上ではなく前へ前へと向けるわ

指先が胸につくくらいの意識で振る
ひじをたたむ

ひじをたたんで手先が胸につくくらいの意識で、腕を前に小さく振る

けです。

　なお、手をグーにしたほうがよいか、パーにしたほうがよいかについては諸説ありますが、私はパーにすることをおすすめします。グーにすると、腕によけいな力が入り、腕の振りが鈍くなるおそれがあるためです。

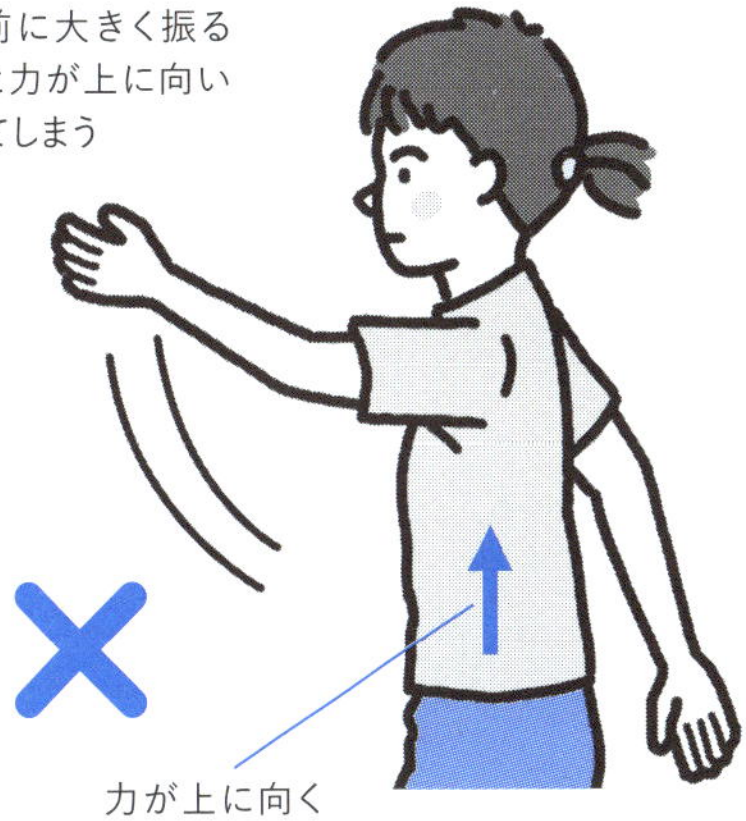
前に大きく振ると力が上に向いてしまう
✕
力が上に向くと前に進みづらくなる

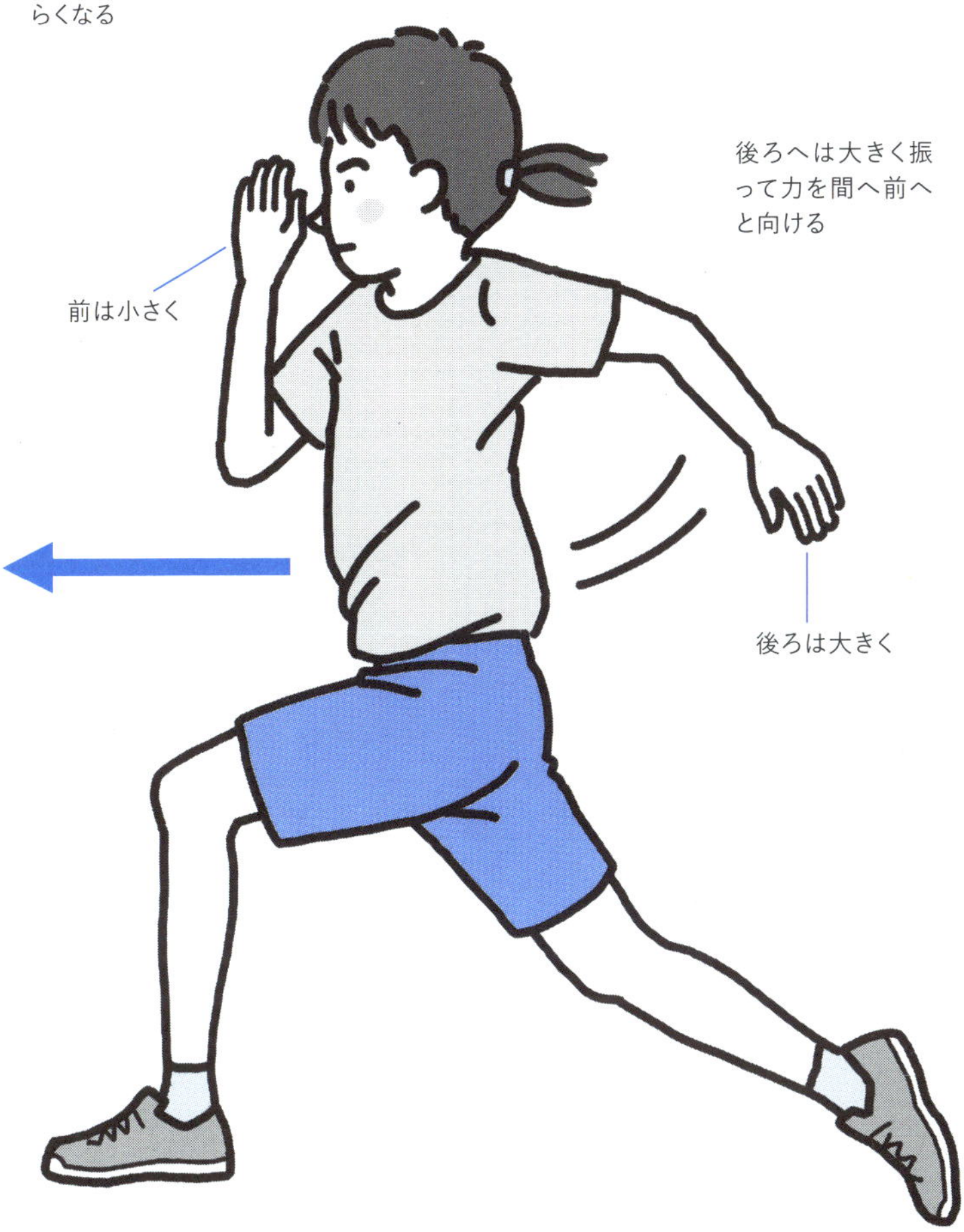
後ろへは大きく振って力を間へ前へと向ける
前は小さく
後ろは大きく

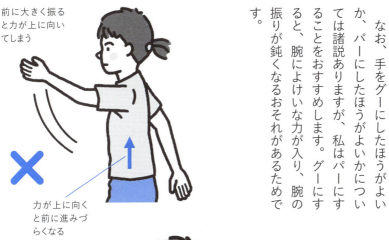

腕を振ったときのひじの位置に注意

64ページでドライブ動作とスイング動作の足の振り方のタイミングについて解説をしました。それでは、この足の振り方のタイミングに対して、腕の振りはどのようなタイミングで合わせればよいのでしょうか。

これには、42ページで紹介した腕と足のタイミングを合わせるドリルを思い出してください。

片方の足が着地した瞬間に反対側の腕を振り下ろすのはドリルどおりです。このとき、振り下ろした腕のひじの位置が体の中心にくるようにタイミングを合わせるのです。そして、反対の足が前に出たときには、反対側の腕のひじの位置が出した足の

振り下ろした腕
のひじの位置が
体の中心にくる

片方の足が着地した瞬間に、振り下ろした反対側の腕のひじの位置が体の中心にくるようにタイミングを合わせる

ひざのところにくるようにタイミングを合わせます。

この両腕の位置は前すぎても後ろすぎてもいけません。下ろしたときに体の中心に、上げたときにひざのところにひじがくるタイミングのときに、最も大きな地面からの反発力をもらうことができ、歩幅も回転数も上がるのです。

反対の足が前に出たときには、反対側の腕のひじの位置が出した足のひざのところにくるようにタイミングを合わせる

足が前に出たときに反対側の腕のひじの位置がひざのところにくる

ゴールの2~3メートル先に視線を置き再び前傾する

加速期にスピードに乗っていくと、いよいよゴールが迫ってきます。ここで、理想的なゴールをするためのコツを紹介しましょう。

まず、視線をゴールの2~3メートル先に置きます。ゴールの地点に視線を定めると、どうしてもゴールの手前でスピードをゆるめてしまいます。ゴールの2~3メートル先を最終地点と考えて、ゴールを突っ切るようにしましょう。

そして、ゴールの直前で上体を思い切り前傾させます。加速期に起こしていた上体を最後に前傾させるこ

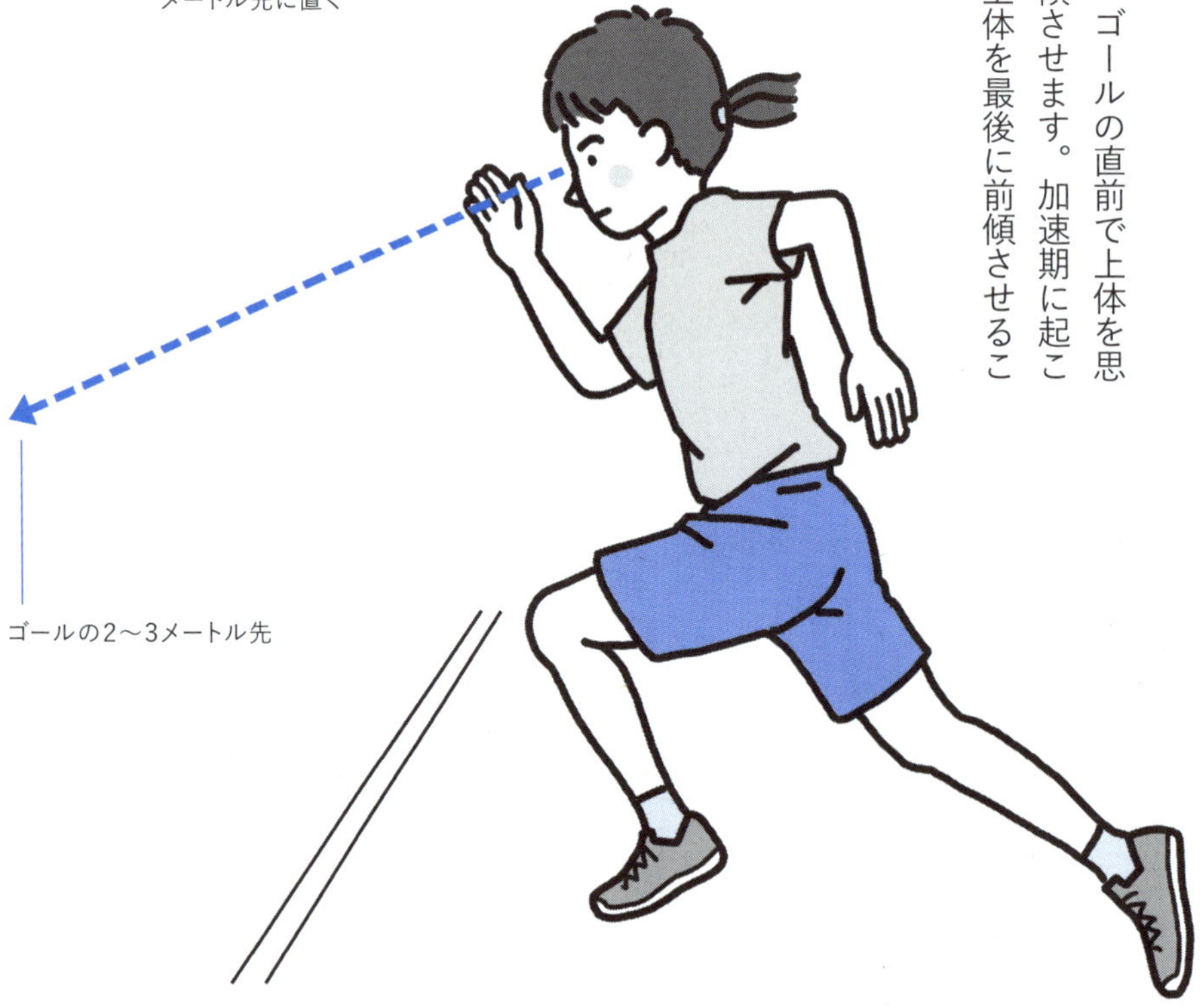
視線をゴールの2～3
メートル先に置く
ゴールの2～3メートル先

とで、少しでも早くゴールを切るようにするのです。

ただし、陸上競技のルールでは、トルソー（頭・首・腕・足を除いた胴体）がゴールラインに到達した時点をフィニッシュと定義しています。したがって、上体を前傾させるといっても、頭や顔でゴールを切るのではなく、胸をグッと前に突き出すようにしてゴールを切るようにしましょう。

「スタート時には前傾→加速期には上体を起こす→ゴールで再び前傾」と覚えておくとよいでしょう。

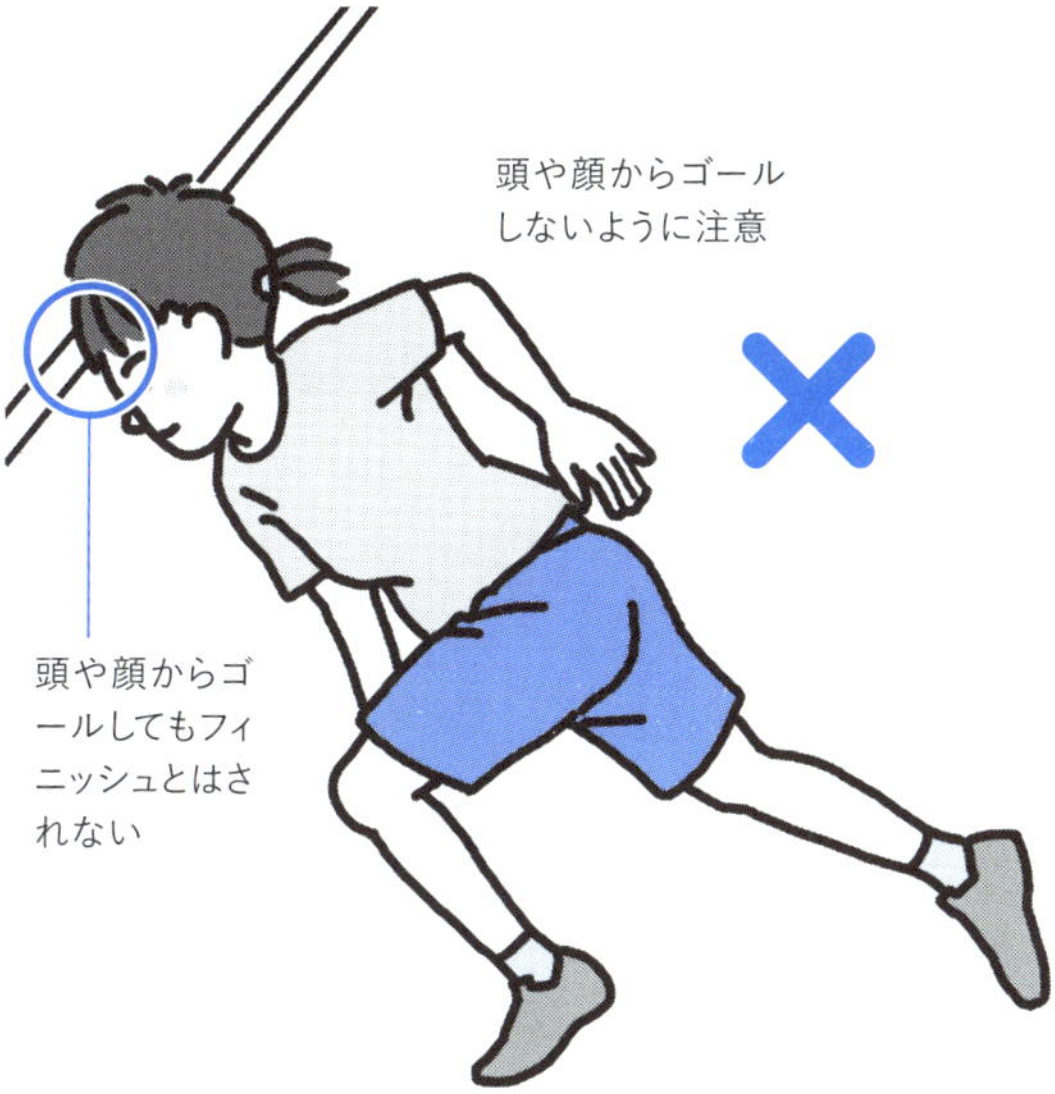

頭や顔からゴールしないように注意
×
頭や顔からゴールしてもフィニッシュとはされない

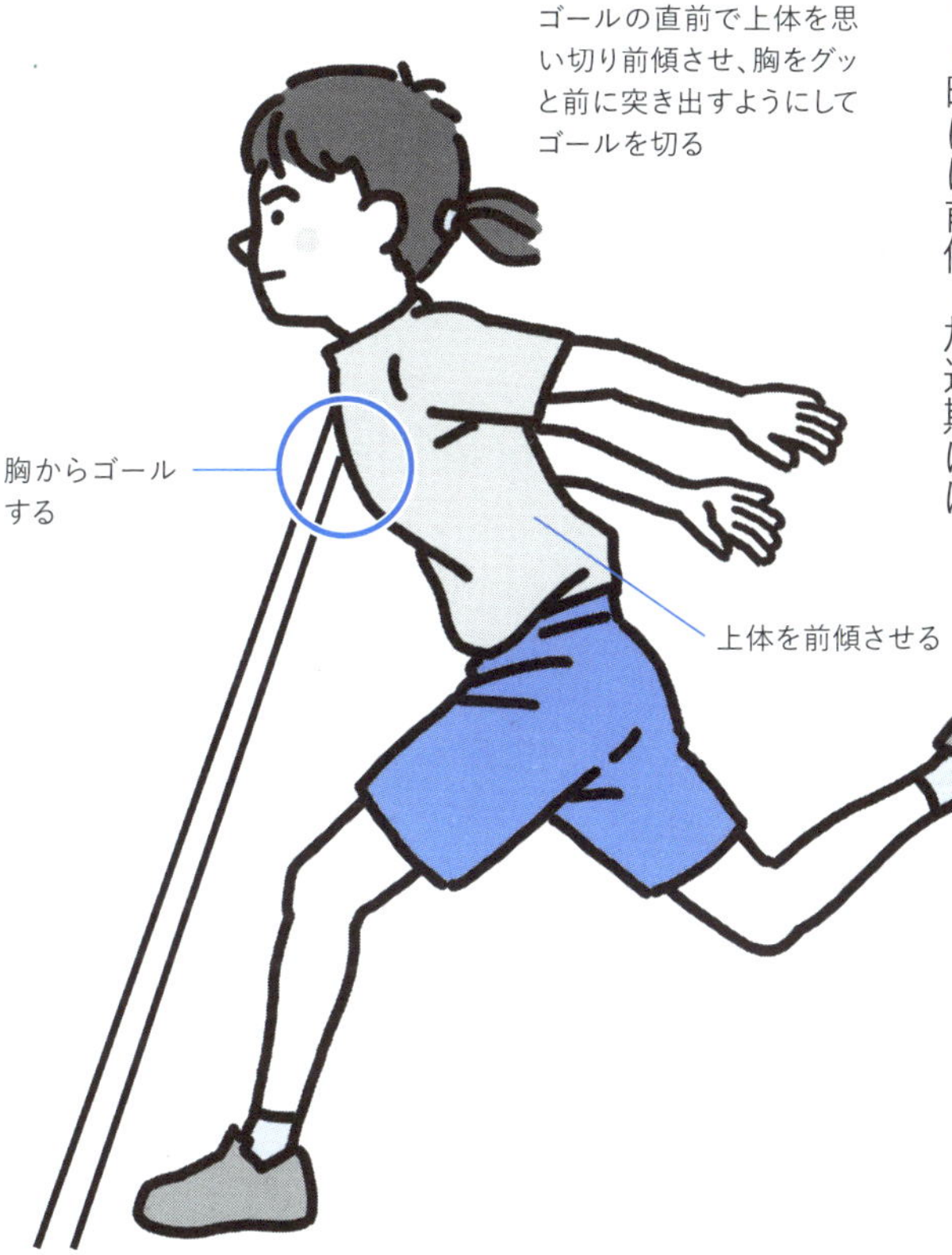

ゴールの直前で上体を思い切り前傾させ、胸をグッと前に突き出すようにしてゴールを切る
胸からゴールする
上体を前傾させる

理想の走り方をおさらいしてみよう！

正しいスタートのかまえから力強くダッシュし、ぐんぐん加速して、ゴールを突っ切る。ここまでに紹介した理想の走り方をおさらいしてみましょう。

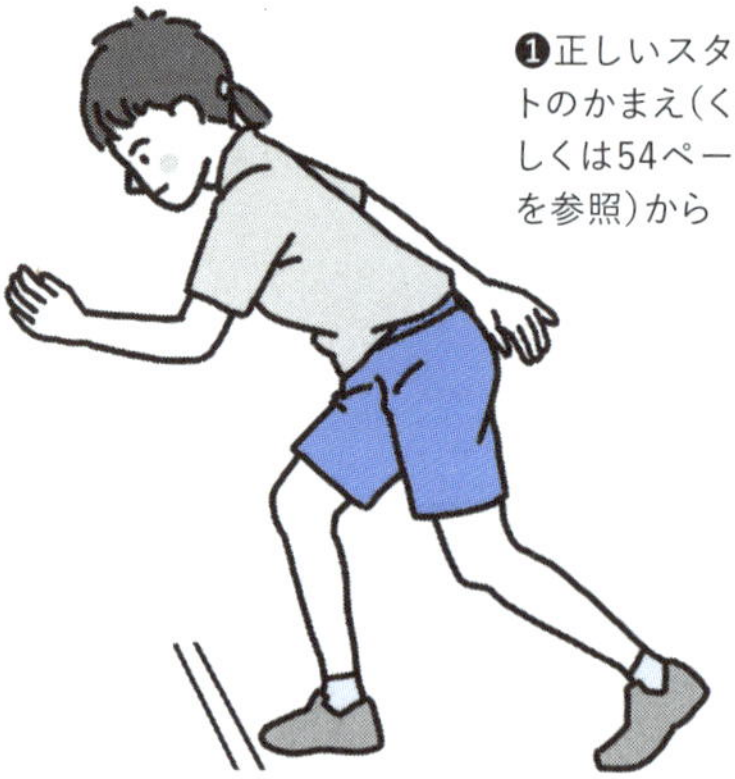

❶正しいスタートのかまえ（くわしくは54ページを参照）から

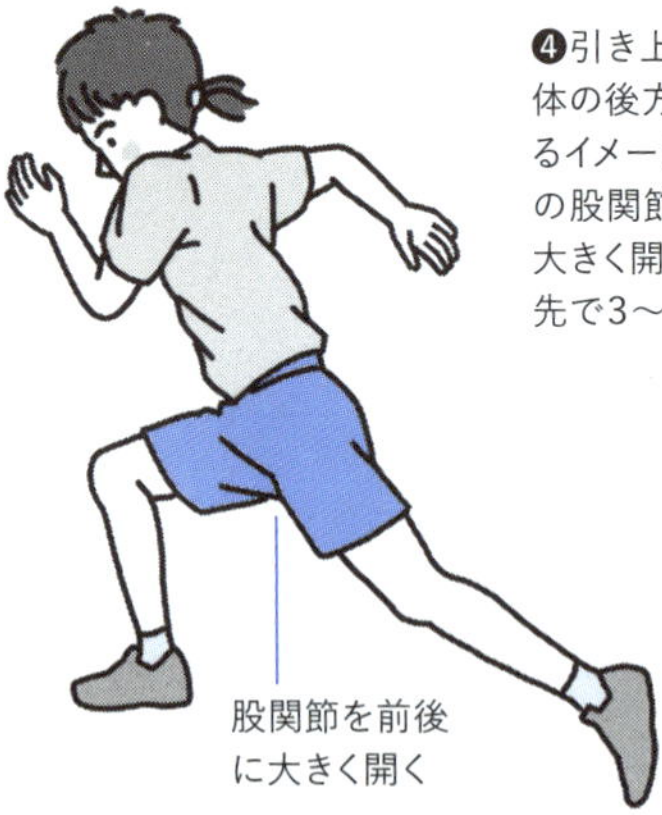
股関節を前後に大きく開く

❹引き上げた足は体の後方で着地するイメージで、左右の股関節を前後に大きく開いて、つま先で3〜4歩走る

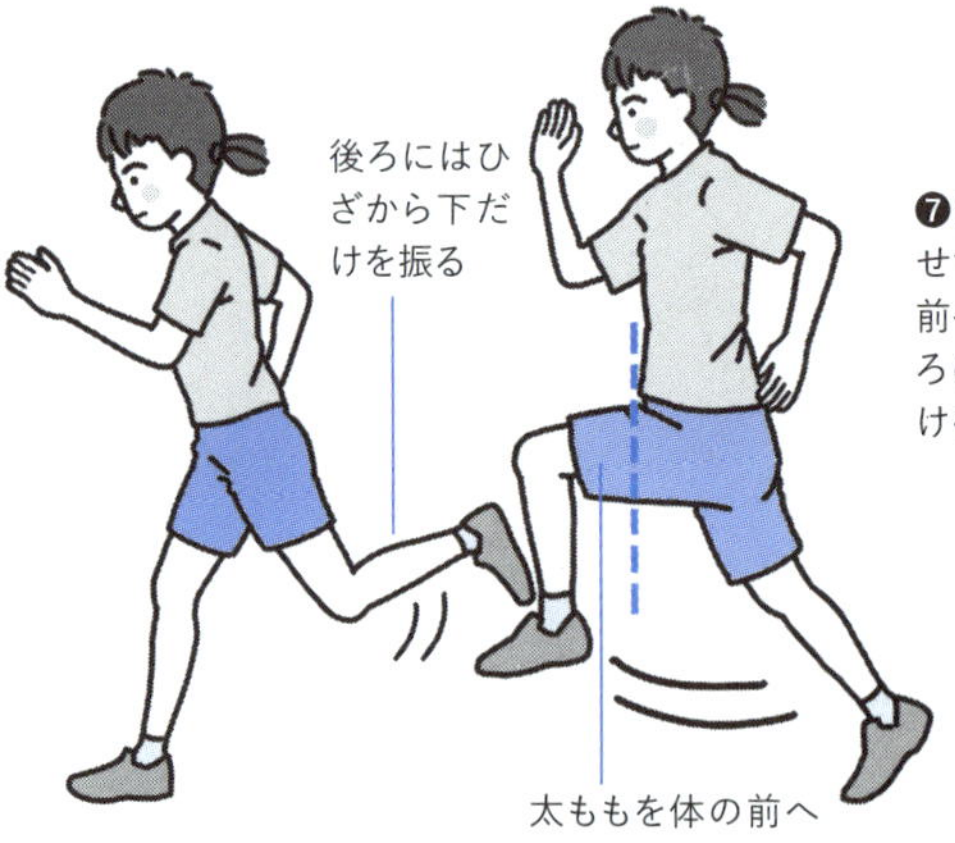
後ろにはひざから下だけを振る
太ももを体の前へ前へと動かす

❼ひざから下は意識せずに、太ももを体の前へ前へと動かし、後ろにはひざから下だけを振る

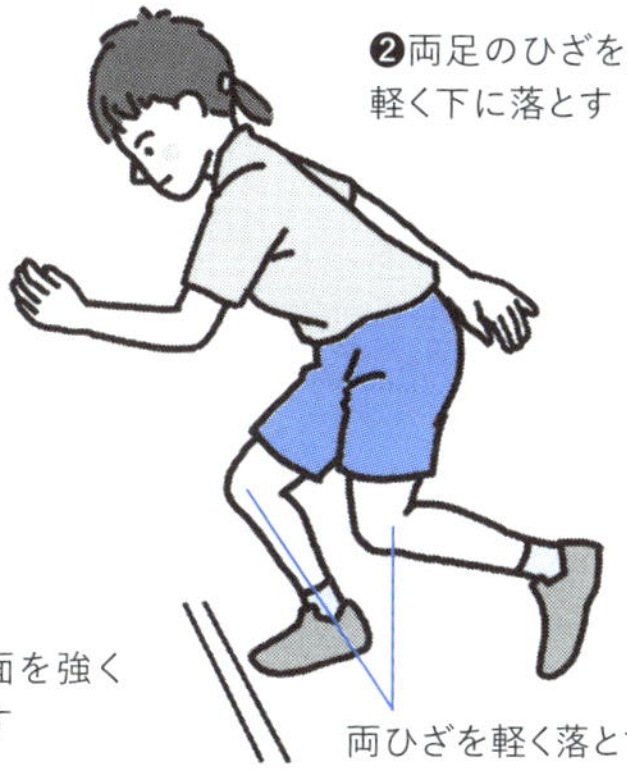

❷両足のひざを軽く下に落とす

❸前足で地面を強く押して飛び出すと同時に、後ろに引いた腕を思い切り振り、その推進力で後ろ足を強く引き上げる

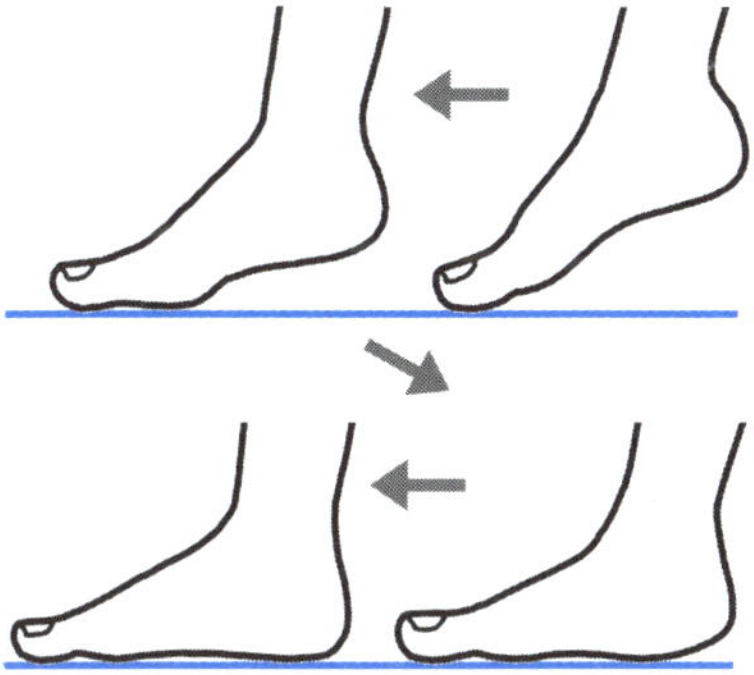

❻着地はつま先～土踏まず～かかとの順に

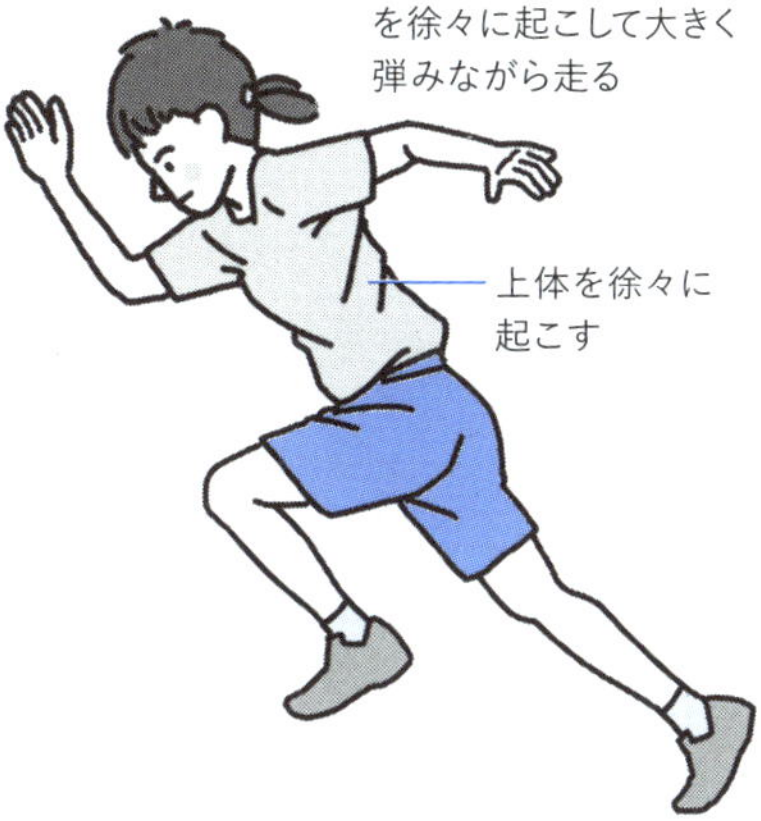

❺前傾させていた上体を徐々に起こして大きく弾みながら走る

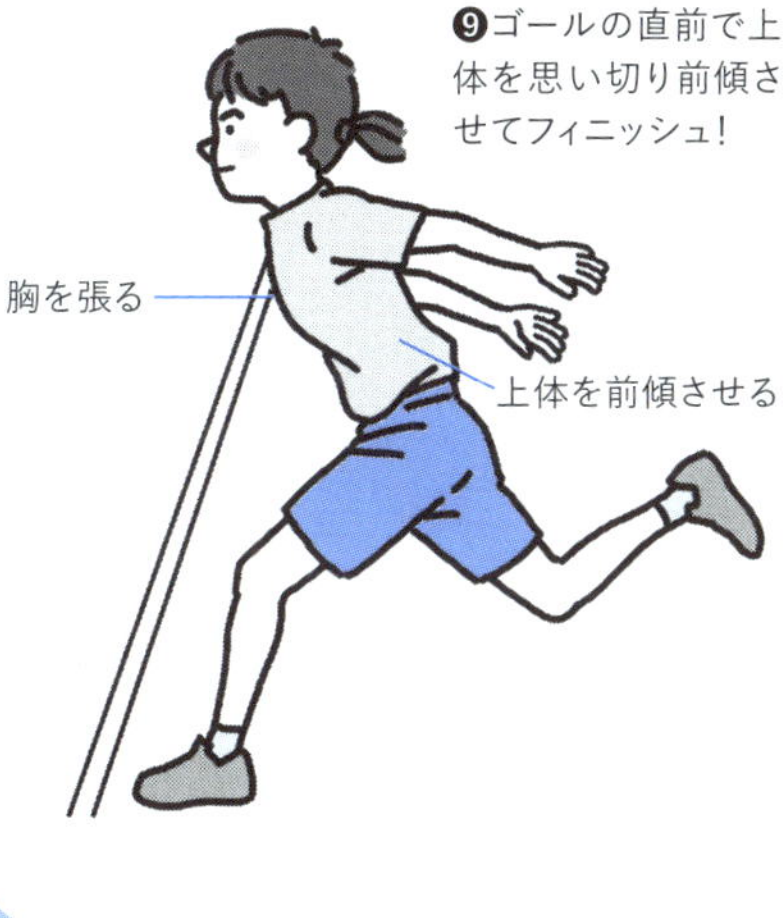

❾ゴールの直前で上体を思い切り前傾させてフィニッシュ!

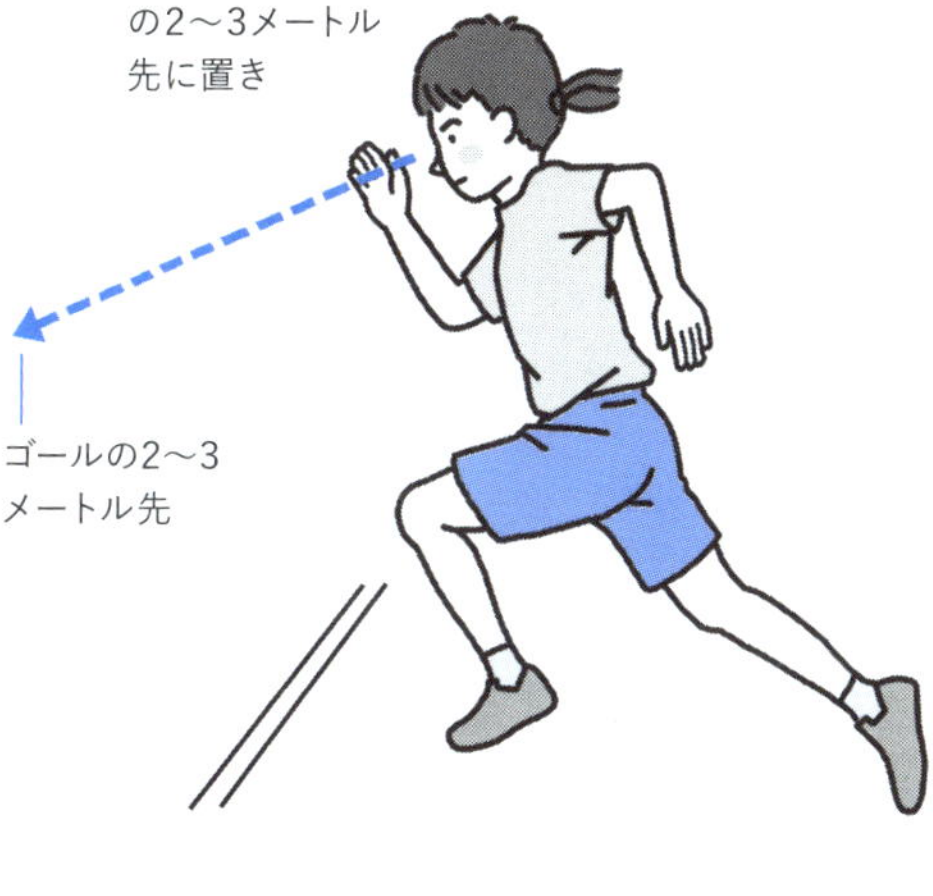

❽視線をゴールの2～3メートル先に置き

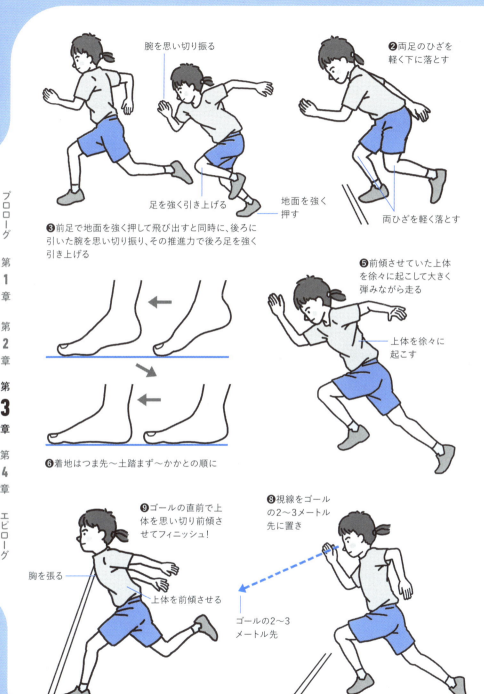

こんな走り方になっていないかチェック！

走力アップ体操をして、速く走るコツを覚えても、なかなかタイムが上がらなかったり、思うようにスピードに乗れなかったりすることもあるかもしれません。そんなときは、よくない走りになっていないかをチェックしてみてください。

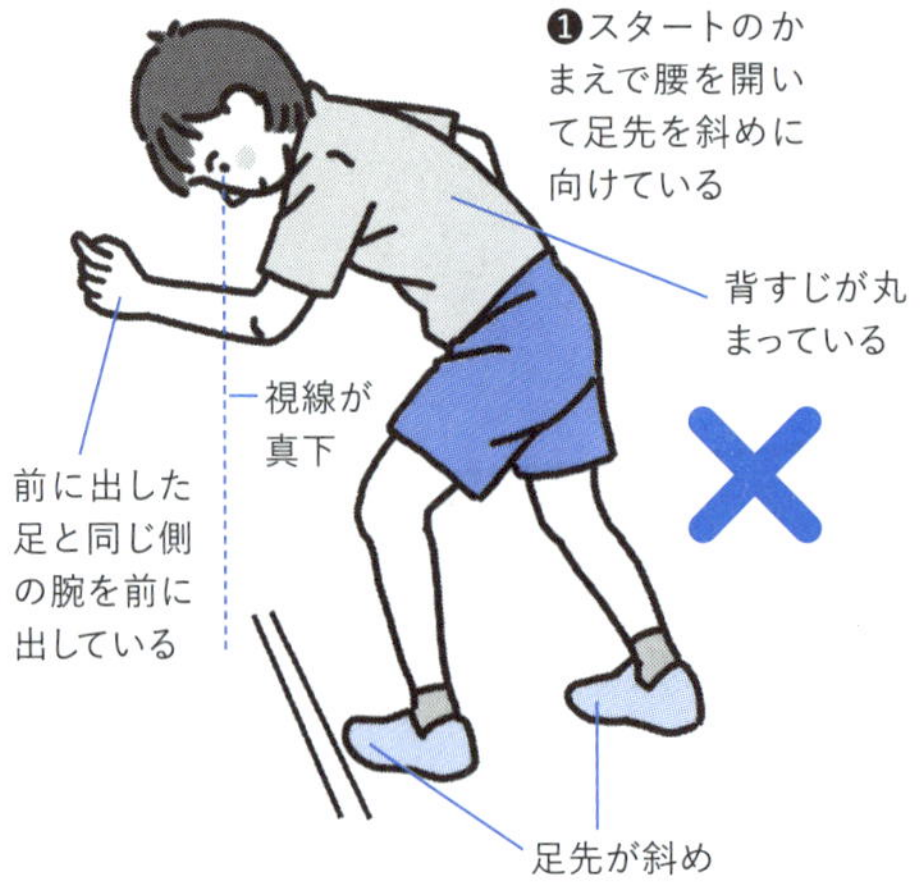
❶スタートのかまえで腰を開いて足先を斜めに向けている
背すじが丸まっている
視線が真下
前に出した足と同じ側の腕を前に出している
足先が斜め
×

❹前に出した足と同じ側の腕を前に出して走っている
×

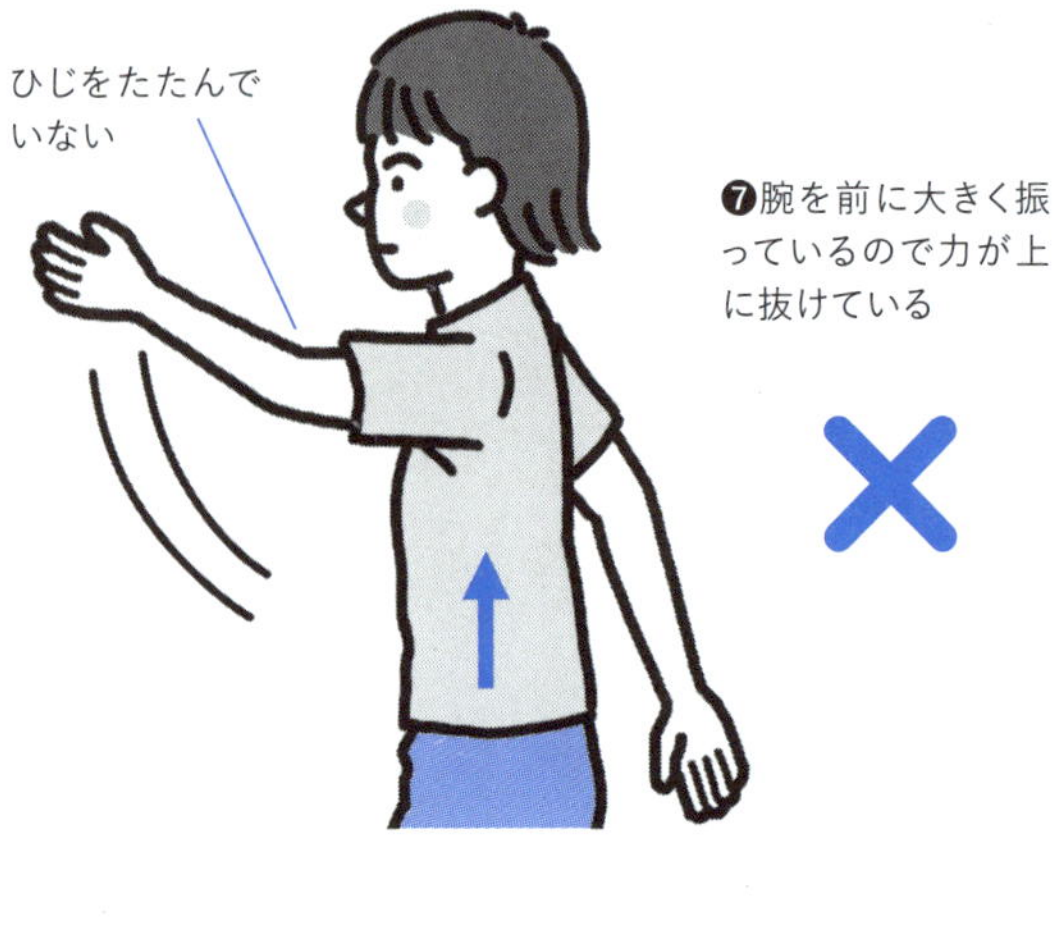
ひじをたたんでいない
❼腕を前に大きく振っているので力が上に抜けている
×

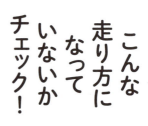

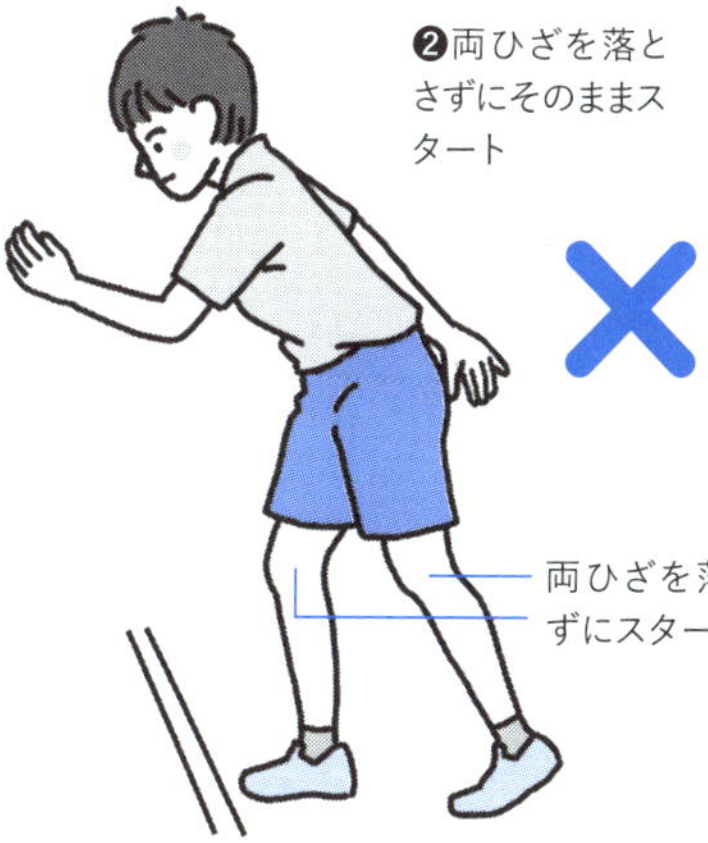

❷両ひざを落とさずにそのままスタート

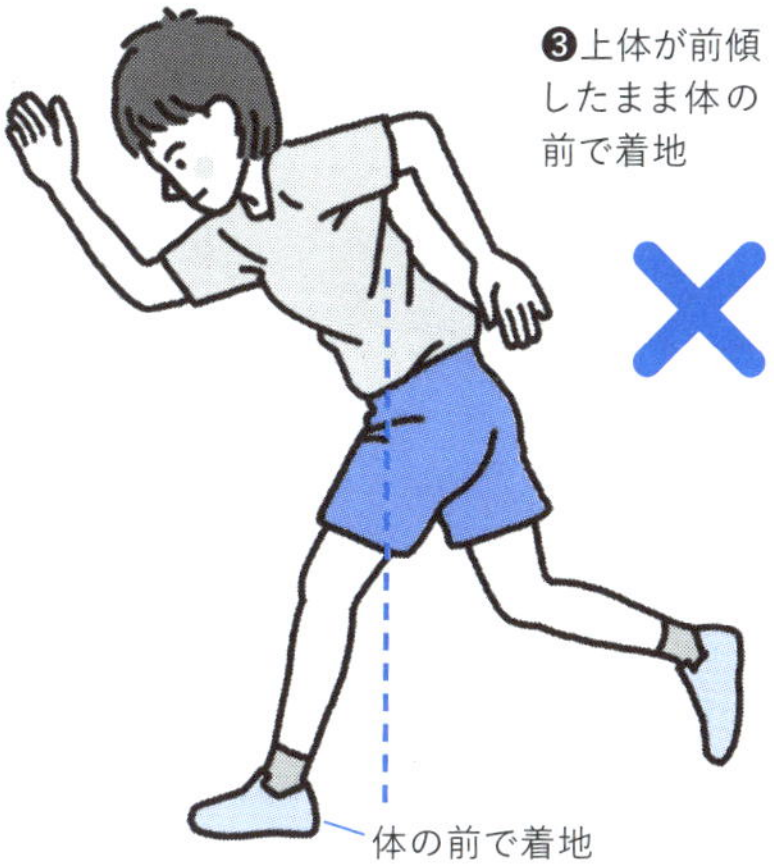

❸上体が前傾したまま体の前で着地

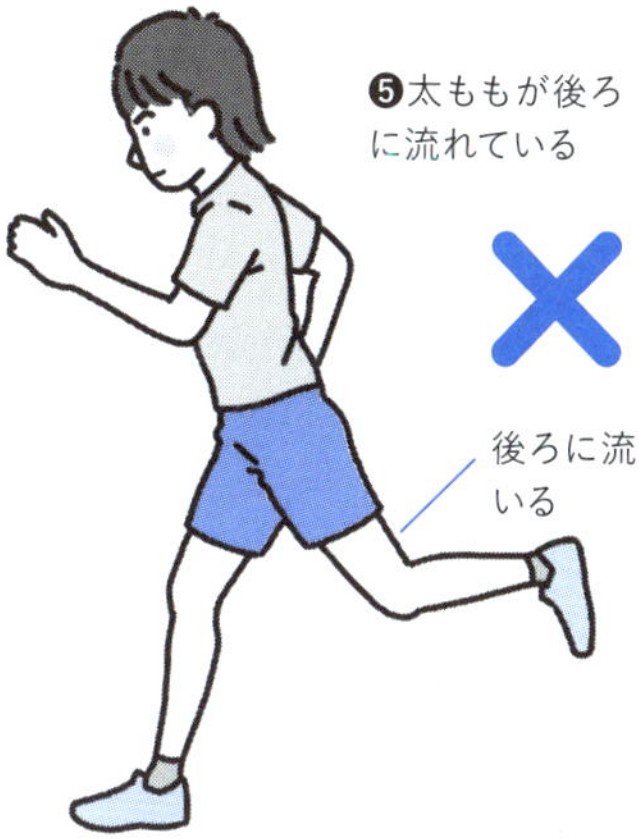

❺太ももが後ろに流れている

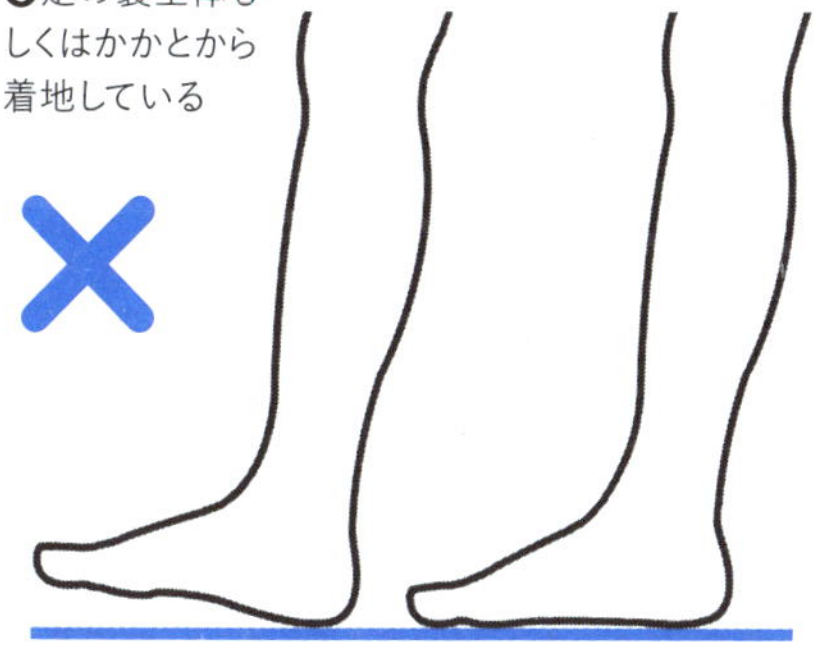
❻足の裏全体もしくはかかとから着地している

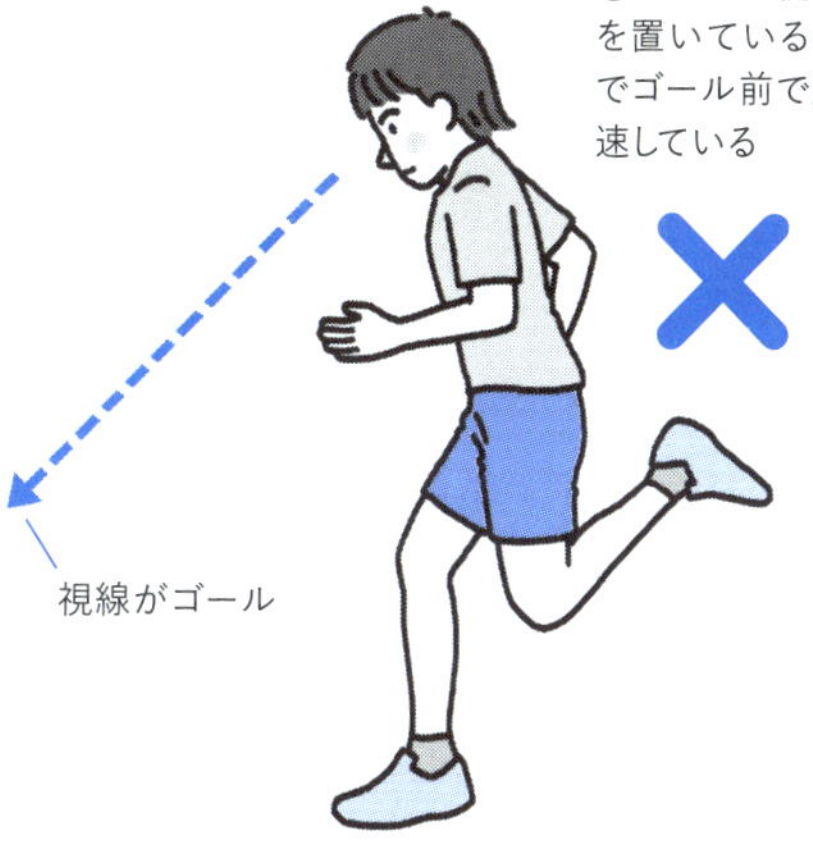

❽ゴールに視線を置いているのでゴール前で減速している

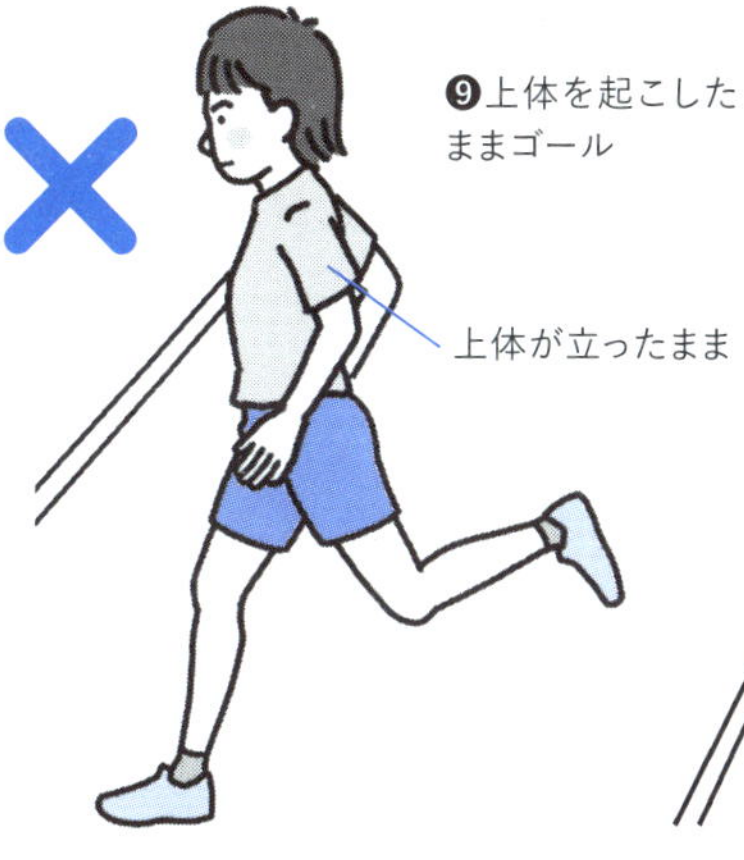

❾上体を起こしたままゴール

運動会の前日に「自分はできる」と暗示をかける

ここまで、「走り方」のコツを解説してきました。以降は、走り方以外のさまざまなコツを紹介しましょう。

どんなに周到な準備をしても、いざ本番となると緊張してしまうことはよくあります。そんな人におすすめしたい、運動会の前日に自信をつける方法があります。「自分はできる」と暗示をかけるのです。

【自分はできると暗示をかける方法】

❶ピストルの形にした右手を前に伸ばして限界まで左側に回し、どこまで回せたかを確認する

❷目を閉じて、腕が左肩を通り越して右肩まで回っている状態をイメージしながら再び右手を限界まで左側に回す

❸目を開けて右手の位置を確認する

間違いなくほとんどの人が、最初よりも大きく左側に右手が回ってい

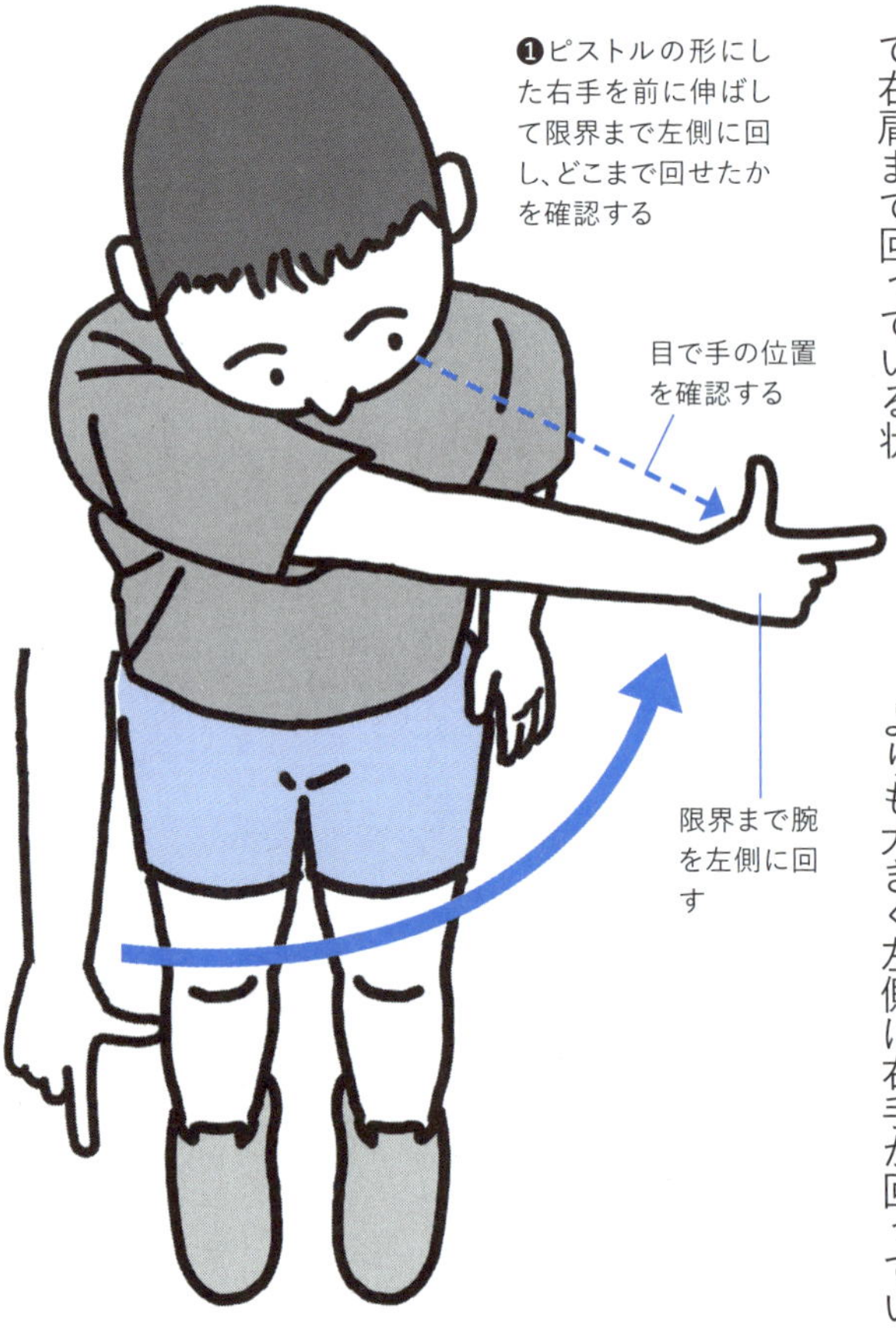

❶ピストルの形にした右手を前に伸ばして限界まで左側に回し、どこまで回せたかを確認する
目で手の位置を確認する
限界まで腕を左側に回す

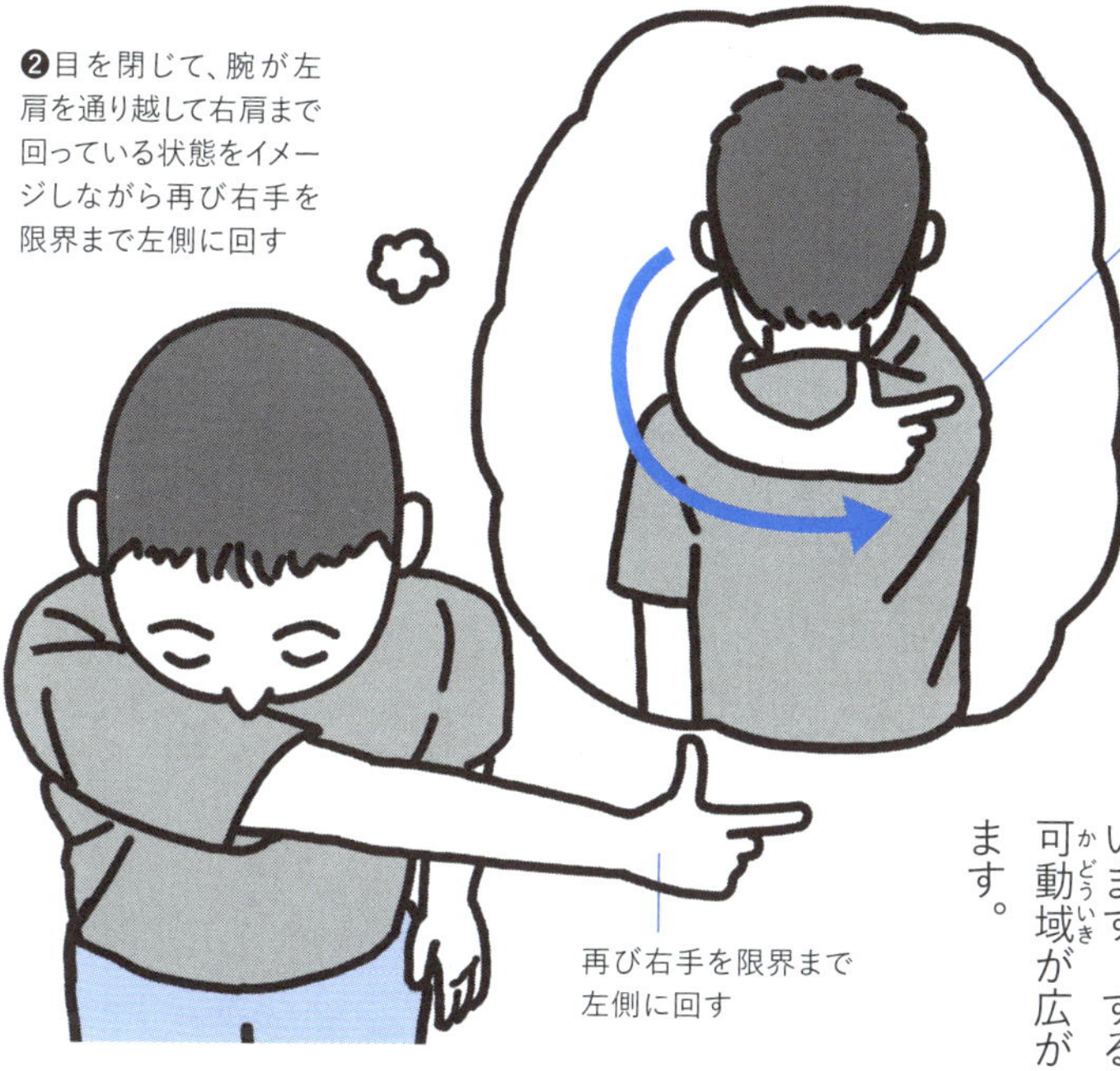

るはずです。
私は講演会のときに、参加者にその場でこの方法を実行してもらっています。すると、ほぼ全員が右手の可動域《かどういき》が広がっていることに驚かれます。

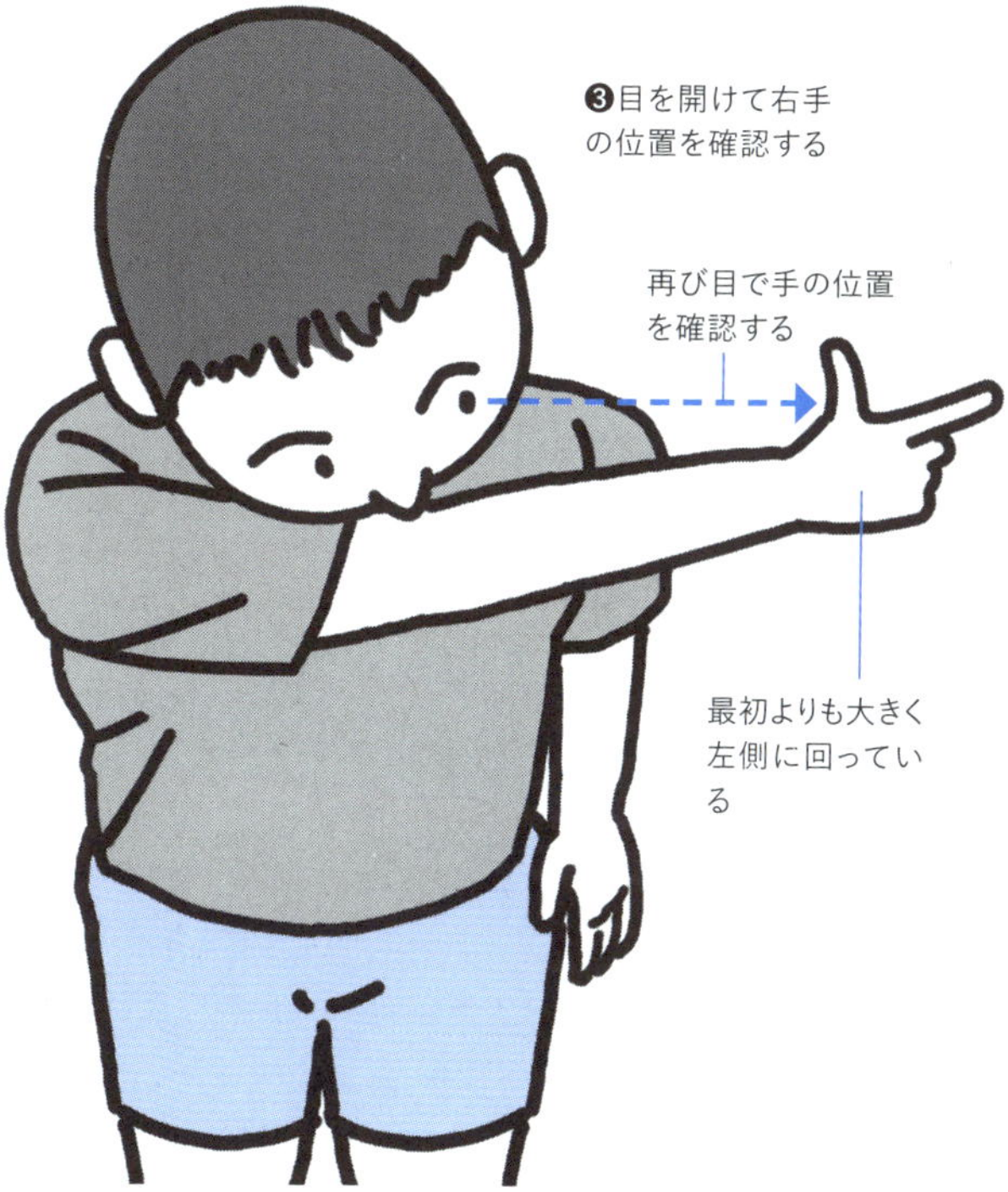

これはイメージトレーニングの一種です。運動会の当日、走る直前に右手の位置を頭に浮かべると「自分はできるんだ!」という気持ちが湧いてきて、緊張もほぐれます。

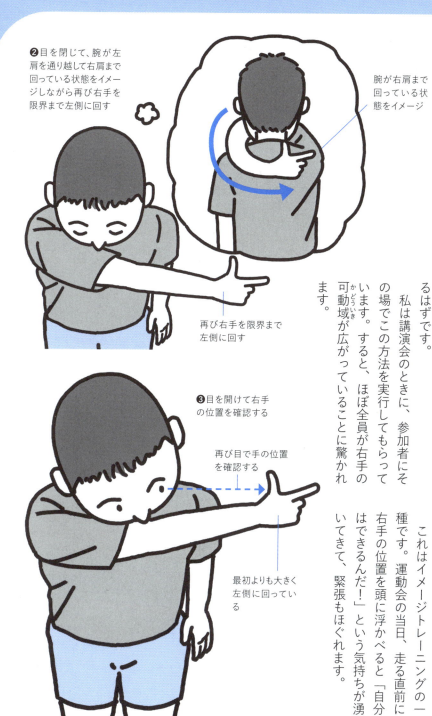

靴ひもの結び方にも工夫をしよう

シューズのひもの結び方にも工夫をすると、周囲と差をつけることができます。

おすすめなのは「ヒールロック」と呼ばれる結び方です。

現在、市販されているスニーカーの大半は、いちばん上の靴ひもの穴の横に、さらに2個の穴が空いています。ヒールロックは、この2個の穴を使った結び方で、足によくフィットし、しかも靴ひもがほどけにくいと評判になっています。

具体的な結び方を説明しましょう。

【ヒールロックのやり方】

❶いちばん上の穴に靴ひもを通したら、2個ある穴のうちの内側の穴に、裏側から表側に向かって靴ひもを通す

❷隣の穴に靴ひもを通し、指1本が入る程度の大きさの輪をつくる

❸反対側も同様に行う

❹輪の中に反対側の靴ひもを通す

❺反対側も同様に行う

❻靴ひもを左右に引っぱってシューズを足にフィットさせる

❼最後に蝶々結びをして完成

なお、横に2個の穴が空いていないタイプのスニーカーでも、いちばん上の穴とその下の穴を使えば、同じように結ぶことができます。

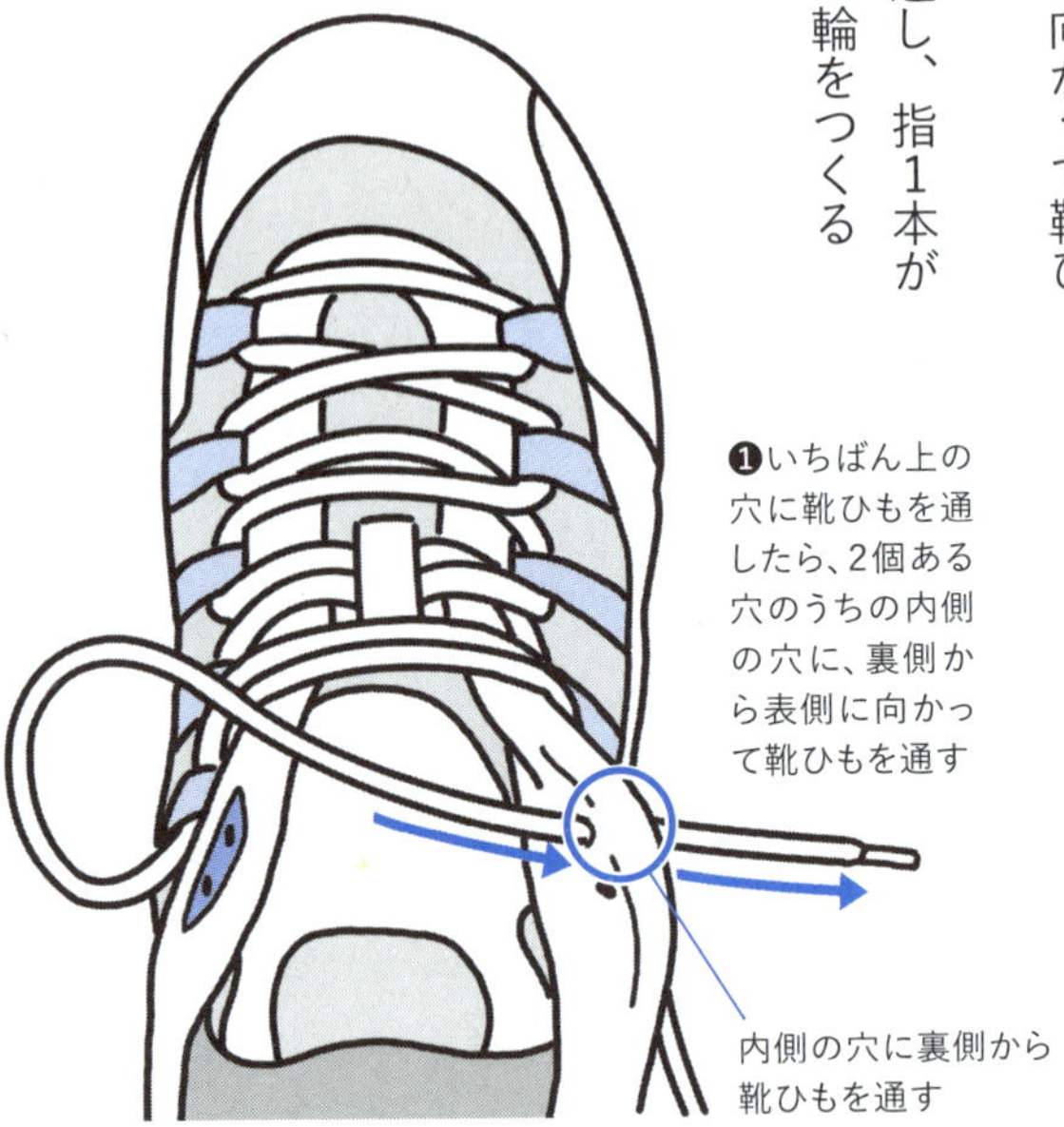

❶いちばん上の穴に靴ひもを通したら、2個ある穴のうちの内側の穴に、裏側から表側に向かって靴ひもを通す
内側の穴に裏側から靴ひもを通す

❷隣の穴に靴ひもを通し、指1本が入る程度の大きさの輪をつくる

❸反対側も同様に行う

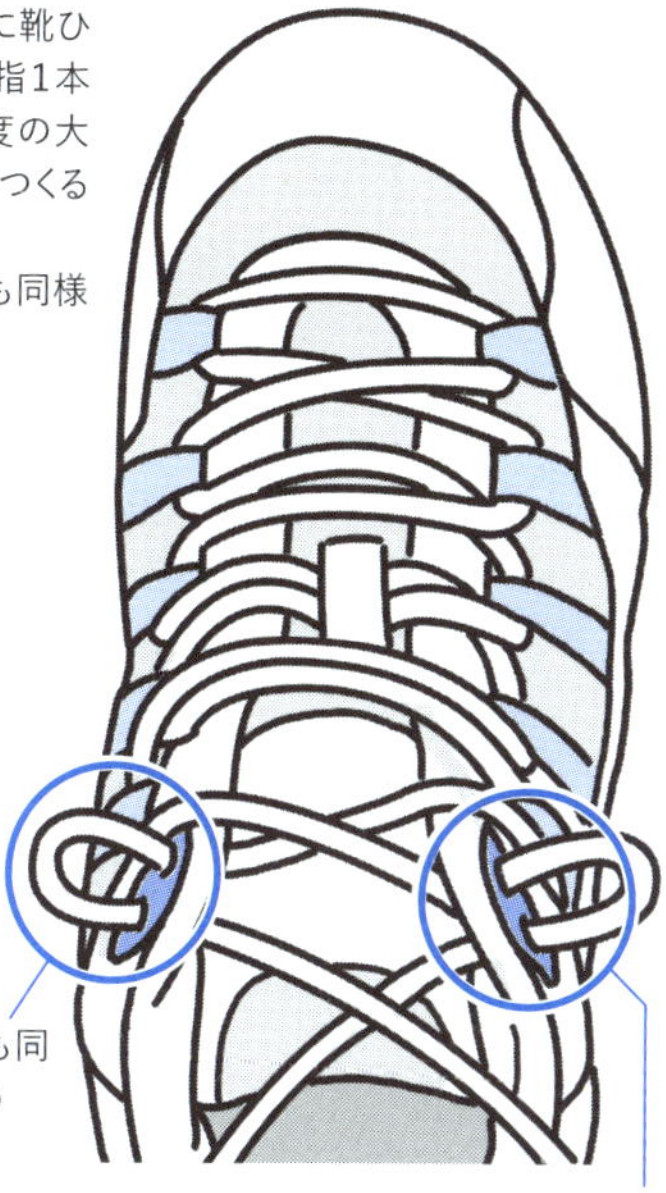
反対側も同様に行う
隣の穴に靴ひもを通し、指1本が入る程度の輪をつくる

❹輪の中に反対側の靴ひもを通す

❺反対側も同様に行う

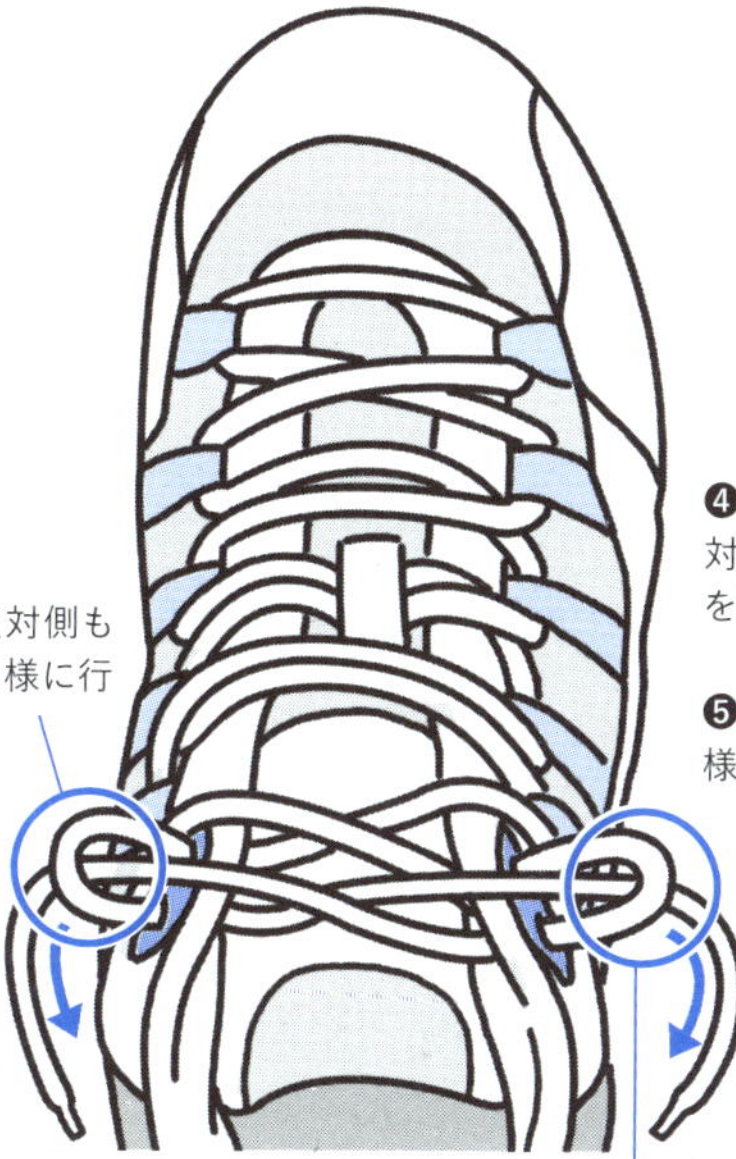
反対側も同様に行う
輪の中に反対側の靴ひもを通す

❻靴ひもを左右に引っぱってシューズを足にフィットさせる

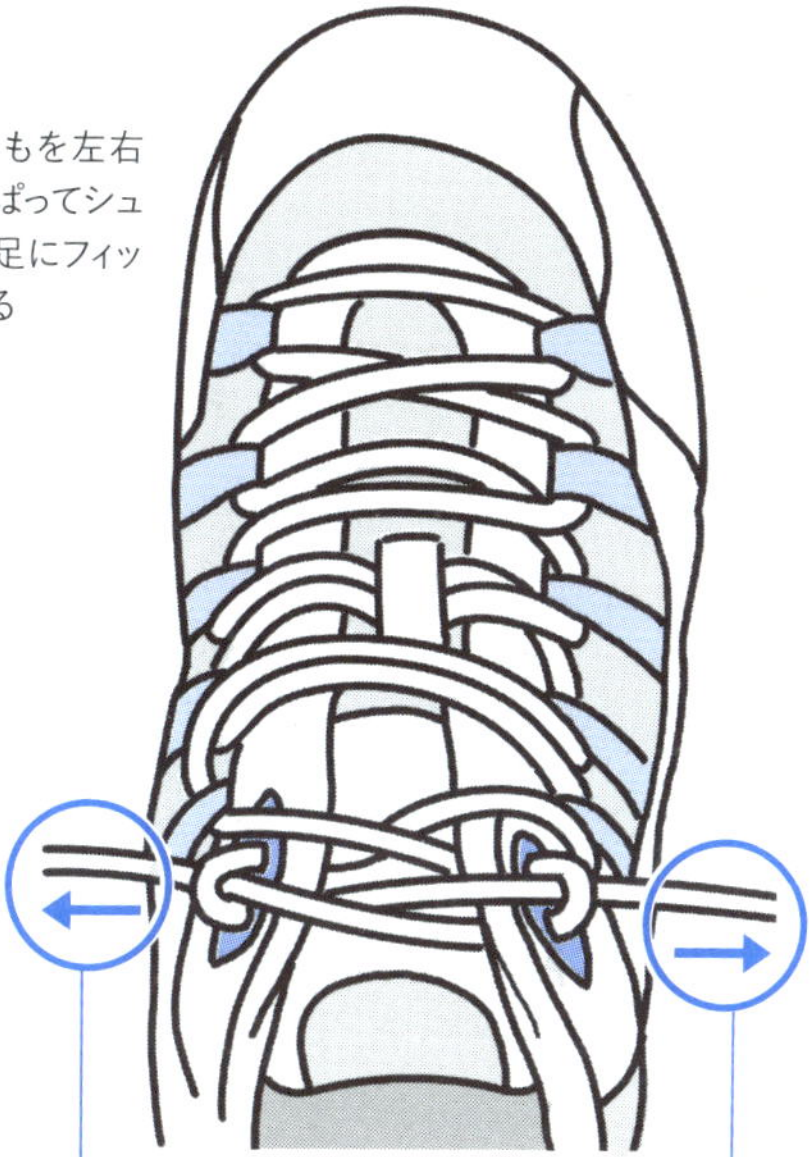
靴ひもを左右に引っぱる

❼最後に蝶々結びをして完成

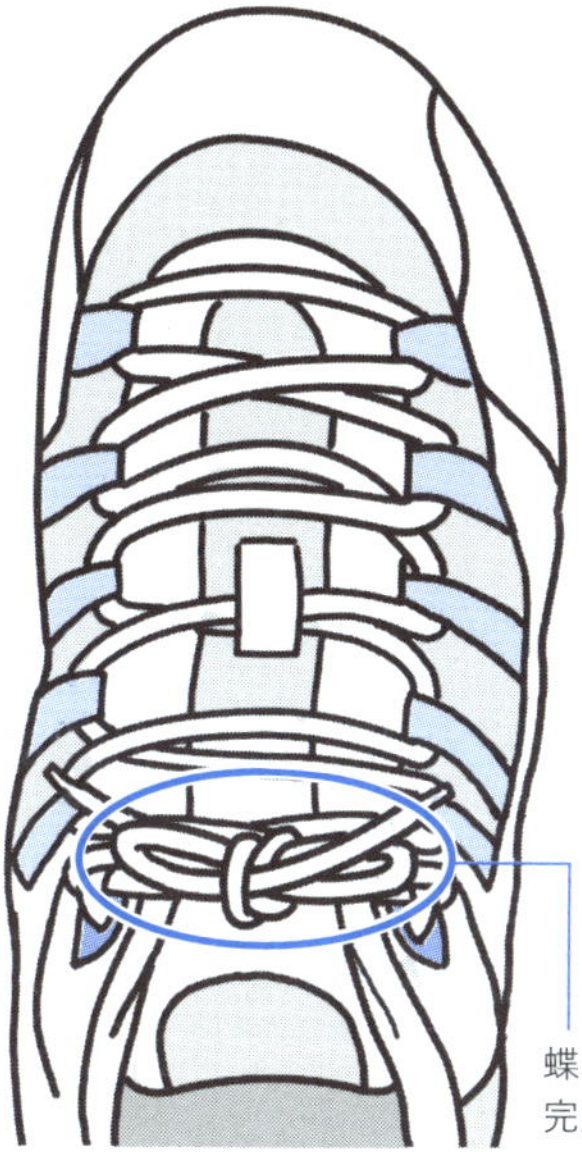
蝶々結びをして完成

ウオーミングアップで血流を促しておく

整列して自分が走る順番がくるまでの間に、ウオーミングアップをして全身の血流を促しましょう。ここでは、その場でできる2種類のウオーミングアップを紹介します。

【プルプルウオーミングアップ1のやり方】

❶両足をピッタリとつけて立つ
❷胸の前で左右の手のひらを合わせて30秒間押し合う

❶両足をピッタリとつけて立つ
❷胸の前で左右の手のひらを合わせて30秒間押し合う
左右の手のひらを合わせて30秒間押し合う

【プルプルウオーミングアップ2のやり方】

❶両足をピッタリとつけて立つ
❷胸の前で左右の手の指を引っかけて30秒間左右に引っぱり合う

いずれの方法も、細胞を震えさせることによって体を温めることができます。

プルプルウオーミングアップ1は上半身の胸側を、プルプルウオーミングアップ2は上半身の背中側の血流を促《うなが》す効果があります。

血流がよくなって体が温まれば、走りのパフォーマンスが上がるだけでなく、ケガを未然に防ぐこともできます。

❶両足をピッタリとつけて立つ

❷胸の前で左右の手の指を引っかけて30 秒間左右に引っぱり合う

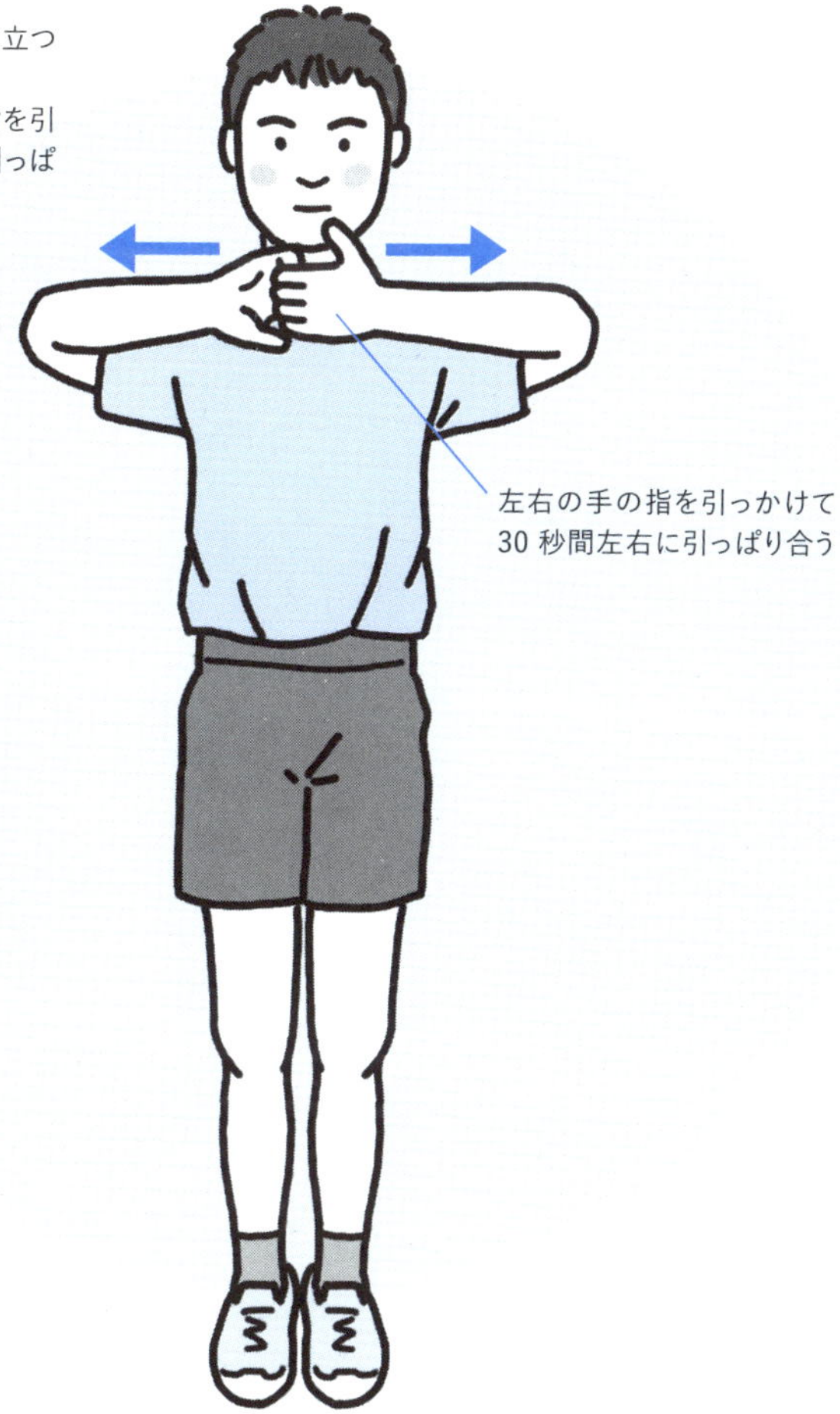
左右の手の指を引っかけて
30 秒間左右に引っぱり合う

走る直前にルーティンを実行

いよいよ自分が走る順番が迫ってきたら、80ページで紹介した「自分はできる」と暗示をかける方法で体験した右手の位置を思い浮かべましょう。このとき、ルーティンも加えると、さらにリラックスすることができます。

ルーティンとは、「決まった動作」という意味の英語で、物事を習慣化させるための有効な手段です。決まった動作をくり返すことで、緊張を解き、集中力を高める働きがあります。

2019年に開催されたラグビーワールドカップ日本大会において、五《ご》郎丸《ろうまる》歩《あゆむ》選手（当時）がゴールキックの前に行っていた、人さし指を立てて胸の前で両手を組む「五郎丸ポー

ルーティンは五郎丸ポーズで有名になった

ズ」で一躍有名になりました。

ポーズといえば、男子100メートル走の世界記録保持者であるウサイン・ボルト元選手の「勝利ポーズ」も有名です。主にレース後に行っていましたが、レース前に行っていたこともあるので、ルーティンの一環だったのかもしれません。

ルーティンは、動作そのものにはとくに意味はありません。「自分はこのルーティンをやれば大丈夫」と思うことが大切なのです。

したがって、どのようなポーズをとってもかまいません。とにかく「これが自分のルーティン！」と思えるポーズをとってみてください。あるいは、何かおまじないを唱《とな》えてもよいでしょう。きっとリラックスして、よい走りができるはずです。

ポーズはどんなものでもかまわない。おまじないを唱えてもよい

コラム
3

足の速さはあらゆる競技に役立つ

足が速くなることは、徒競走やリレーだけでなく、他のあらゆる競技にも役に立ちます。

実際に、今回、走力アップ体操を試してもらった南葛《なんかつ》SCの宮澤弘《みやざわひろし》選手は「現代サッカーでは、足の速さや初速などがとても大事になってきています。ですから、こういう形で少しでも足が速くなったり、あと1歩が先に出たりしたら、パフォーマンスのアップにつながると思います」と述べています。

サッカーといえば、1990年代後半に日本代表として活躍した岡野雅行《おかのまさゆき》選手（現・ガイナーレ鳥取代表取締役GM）の足の速さは際立っていました。彼の「野人《やじん》」という愛称は、足元の技術が拙《つたな》いと評されながらも、爆発的なスピードでピッチをかけ回る姿に由来するものでした。

野球ならば、走塁だけでなく、守備範囲の広さにもつながるでしょう。テニスやバレーボールならば、レシーブの範囲が広がります。それまであと1歩のところで届かなかったボールに追いつく可能性が高まるのです。スタートダッシュの勢いは、ラグビーやレスリングのタックル、相撲の立ち会いにも大いに役立つでしょう。

加速期に股関節《こかんせつ》を大きく開いて可動域《かどういき》が広がれば、体操や新体操、フィギュアスケート、水泳などで有利になります。また、ゴルフのスイングも安定します。

このように、足が速くなることで、得をすることはあっても、損をすることは絶対にありません。その第一歩として、走力アップ体操をぜひ継続してください。

スピードも瞬発力も可動域も武器になる

第
4
章

速く走るための体づくり

子どもたちの体がおかしい

第2章で走力アップ体操をはじめとする速く走るためのドリルを、第3章で速く走るためのさまざまなコツを紹介しました。しかし、実際に試したところ、思うようにできなかったという人もいたのではないでしょうか。

実は、これは想定内のことです。というのも、現代の子どもたちの体にはさまざまな異変が起こっており、頭に描いたとおりに体を動かすことのできないケースが続出しているからです。

ゲームばかりしている現代の子どもたちは運動量が圧倒的に不足している

少し前の時代には考えられなかった
ようなケガが急増している

2013年に、日本臨床整形外科学会の姉妹組織として「全国ストップ・ザ・ロコモ協会」が設立されました。ロコモとは、ロコモティブシンドローム（運動器症候群《しょうこうぐん》）の略称で、骨や筋肉、神経などが連携して体を動かす機能が低下して日常生活に支障をきたす状態を指します。

同協会によると、片方の足で立つ、手を真っすぐ上げる、しゃがみ込む、前屈するといった基本動作のできない子どもが急増しているといいます。そればかりか、雑巾がけの際に自分の体を手で支えられずに前歯を折る、ボールを手でキャッチできずに顔面で受けるなど、少し前の時代には考えられなかったことが起こっているのです。

原因は二つ。一つは、核家族化が進んで共働きの家族がふえ、3食をしっかりとる習慣がへっていること。もう一つが、ゲームの普及と外遊びの場が少なくなったことにより、運動量が圧倒的に不足していることです。

そのため、走力アップ体操や速く走るためのドリルを行おうとしても、思うようにできないことは、決して不思議ではないのです。

子どもの体に起こっている三つの異変

前出の全国ストップ・ザ・ロコモ協会によると、現代の子どもたちの体は、ネコ背、あご出し、骨盤《こつばん》後傾がセットになっているといいます。これは、子どもの治療を多数行っている私も日々実感していることです。とくに、骨盤後傾の問題は深刻で、大半の子どもの骨盤は後傾しているといっても過言ではありません。

骨盤は本来、垂直に立っているものです。しかし、体を動かす機会が激減して全身の筋力が不足した状態で、パソコンやスマホを操作するた

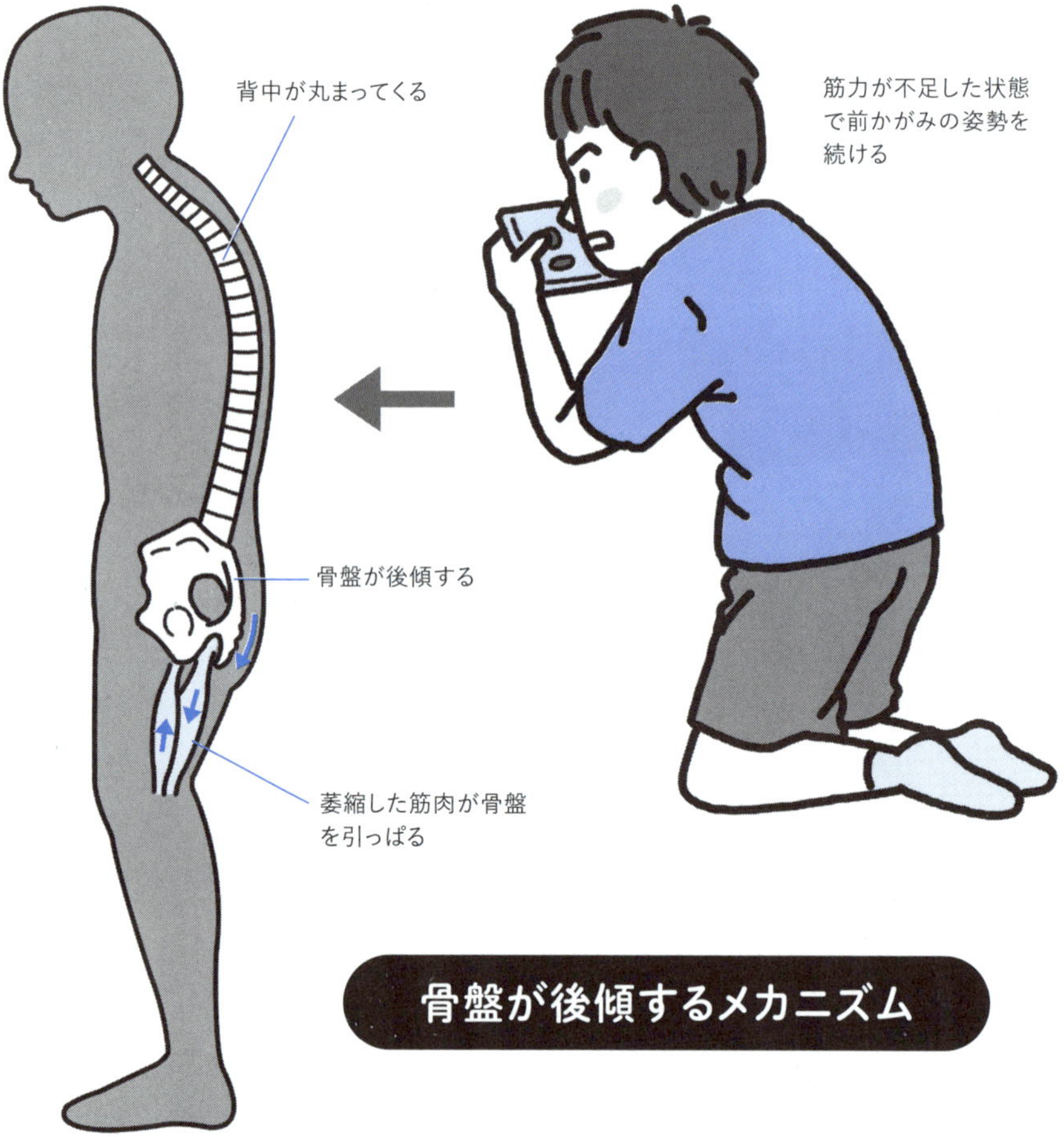
背中が丸まってくる
骨盤が後傾する
萎縮した筋肉が骨盤を引っぱる
筋力が不足した状態で前かがみの姿勢を続ける

骨盤が後傾するメカニズム

めに前かがみの姿勢を続けていると、頭が前方に傾いて、背中が徐々に丸まってきます。すると、萎縮《いしゅく》した大《だい》臀筋《でんきん》（お尻の筋肉）やハムストリングス（太ももの裏側の筋肉群）に引っぱられて、骨盤が後傾してしまいます。

あご出し、ネコ背、骨盤後傾が「セットになっている」のは、そのためなのです。

そこで本章では、歩幅アップ体操などがうまくできない人たちのために、骨盤後傾などの体の異常を矯正《きょうせい》するためのドリルを紹介します。これらのドリルを実践して、体の状態を整えたうえで、走力アップ体操などを行えば、足が速くなることは間違いありません。

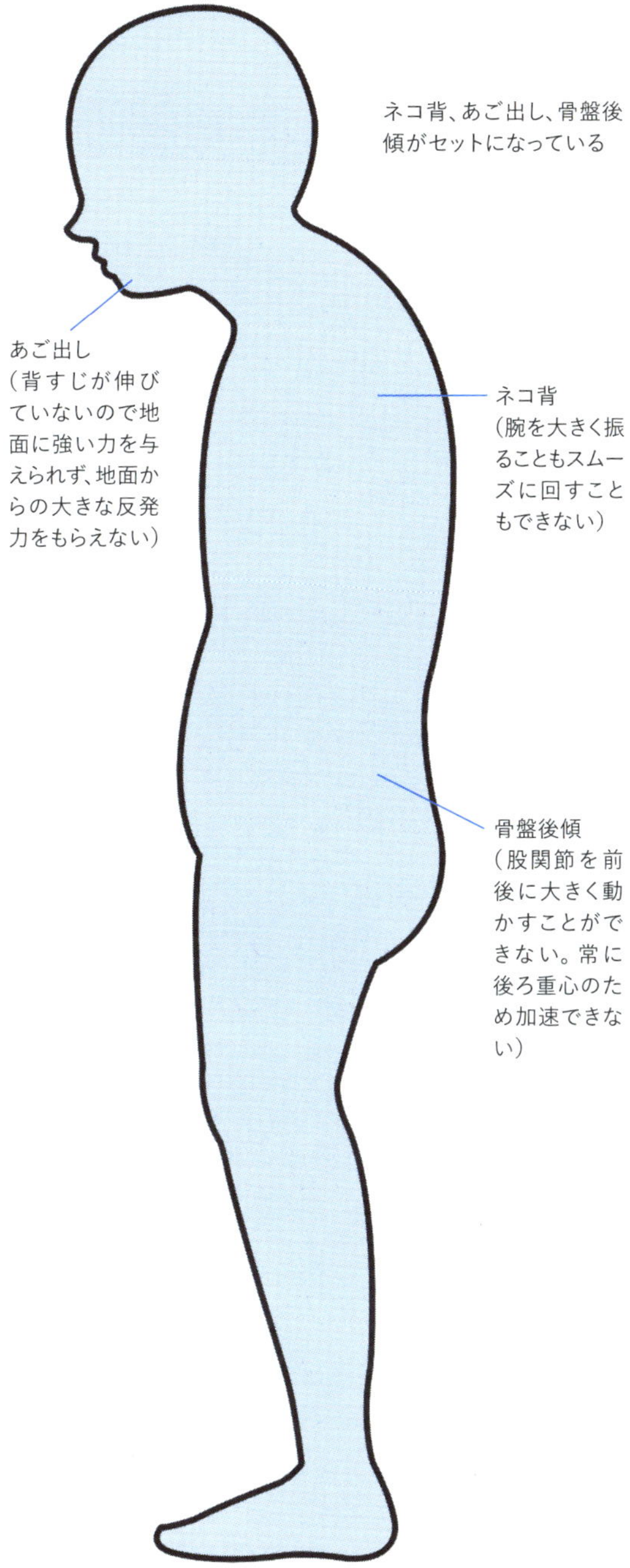

ネコ背、あご出し、骨盤後傾がセットになっている
あご出し（背すじが伸びていないので地面に強い力を与えられず、地面からの大きな反発力をもらえない）
ネコ背（腕を大きく振ることもスムーズに回すこともできない）
骨盤後傾（股関節を前後に大きく動かすことができない。常に後ろ重心のため加速できない）

骨盤を垂直に立てる「骨盤起こし」

まずは諸悪の根源である骨盤後傾から正していきましょう。骨盤を垂直に立てれば、あご出しもネコ背も自然と改善します。

【骨盤起こしのやり方】

❶イスに浅く腰かけて、足を肩幅に開き、かかとを床にピタッとつける

❷上体を前に倒して、おなかと太ももをくっつける

❸両手を太ももの裏側で交差させてロックする

❹イスからお尻を浮かせて、この状態を10秒間キープする

太ももの裏側を伸ばすことにより、後傾していた骨盤が垂直に立っていきます。

骨盤起こしを行う前と行ったあとに前屈をして、柔軟性を確認してください。太ももの裏側が伸びると柔軟性が高まっているはずです。

なお、④でお尻を浮かせるときに、かかとが浮かないようにすることと、おなかと太ももの間が離れないようにすることに注意してください。

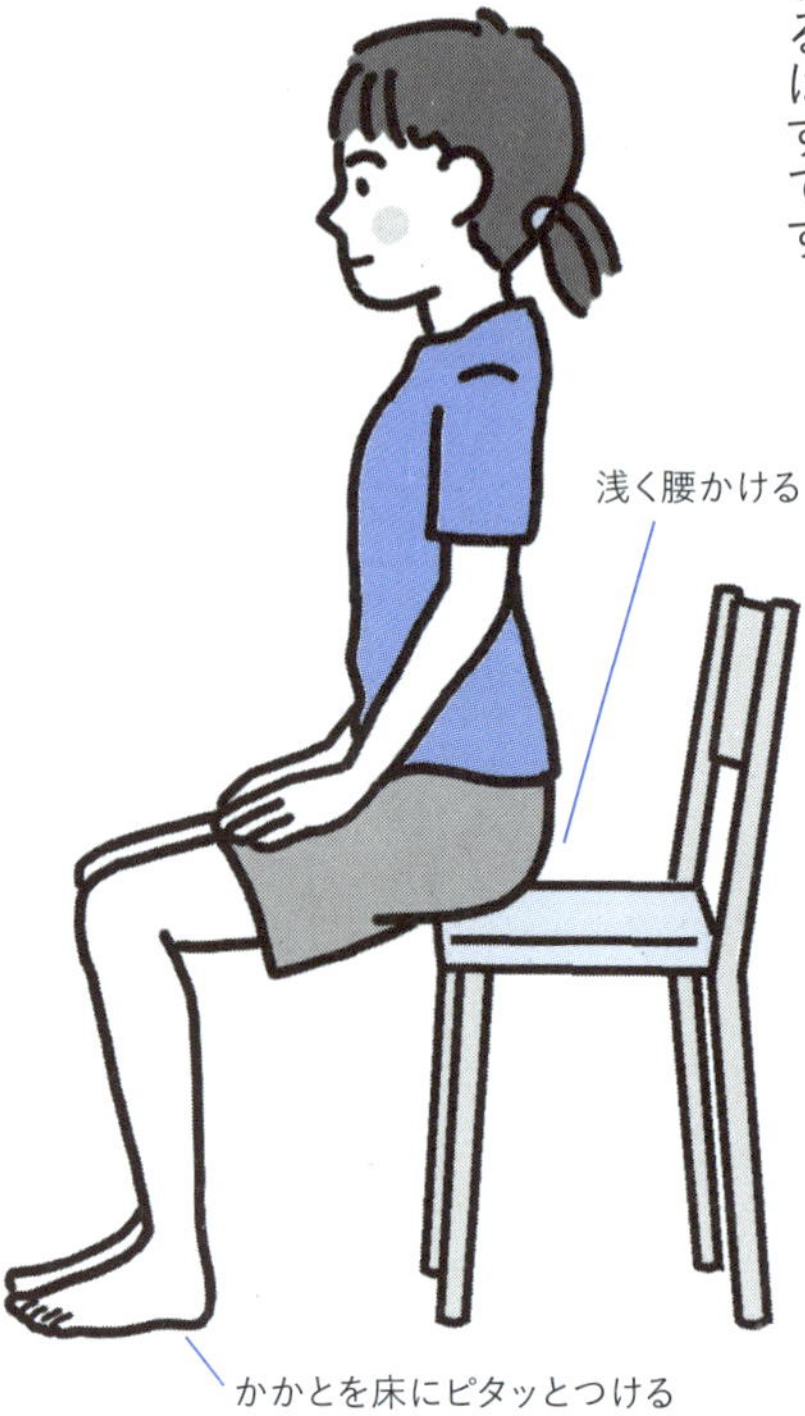
浅く腰かける
かかとを床にピタッとつける

❶イスに浅く腰かけて、足を肩幅に開き、かかとを床にピタッとつける

❷上体を前に倒して、おなかと太ももをくっつける

❸両手を太ももの裏側で交差させてロックする

❹イスからお尻を浮かせて、この状態を10秒間キープする

※骨盤起こしを行う前とあとに前屈をして体の柔軟性をチェックするとよい

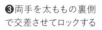

腸腰筋を刺激して股関節の動きをよくする「鼠径部プッシュ」

骨盤が後傾していると、腰椎《ようつい》（背骨の腰の部分）と大腿骨《だいたいこつ》（太ももの骨）を結ぶ筋肉である腸腰筋《ちょうようきん》が働きづらい状況になります。すると、股《こ》関節《かんせつ》の動きが悪くなり、足を上げにくくなります。

そこで、腸腰筋を刺激して、股関節の動きを促《うなが》し、スムーズに足を動かせるようにしましょう。そのために効果的なのが「鼠径部《そけいぶ》プッシュ」です。

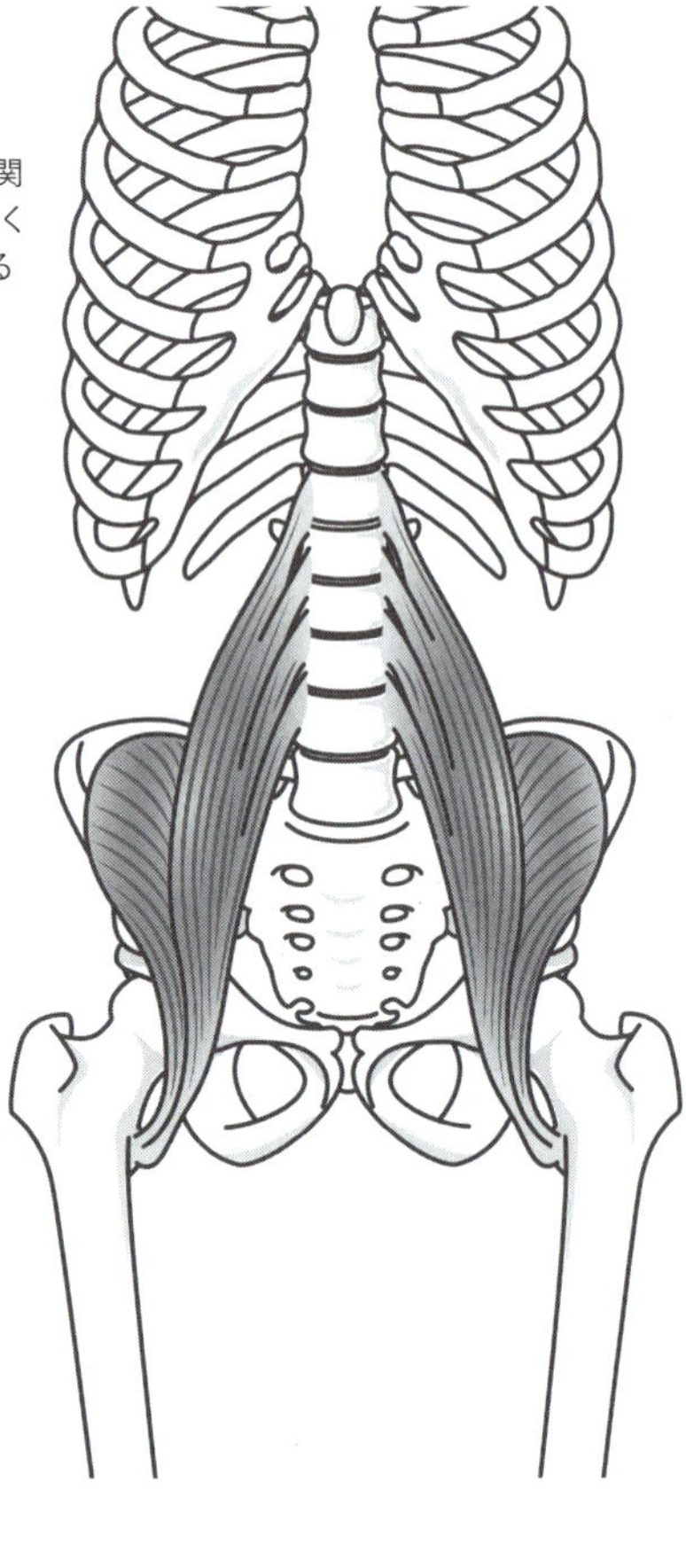

腸腰筋は股関節の動きと深くかかわっている

【鼠径部プッシュのやり方】

❶足を肩幅に開いて立つ

❷左右の鼠径部（太もものつけ根の内側にある溝）の中央に、左右の手の親指を当てる

❸親指で押しながら上体をゆっくりと前傾させることを10回くり返す

40ページで述べたように、腸腰筋をじゅうぶんに使えるようになると足が速くなることは、さまざまな研究によって明らかになっています。

❶足を肩幅に開いて立つ

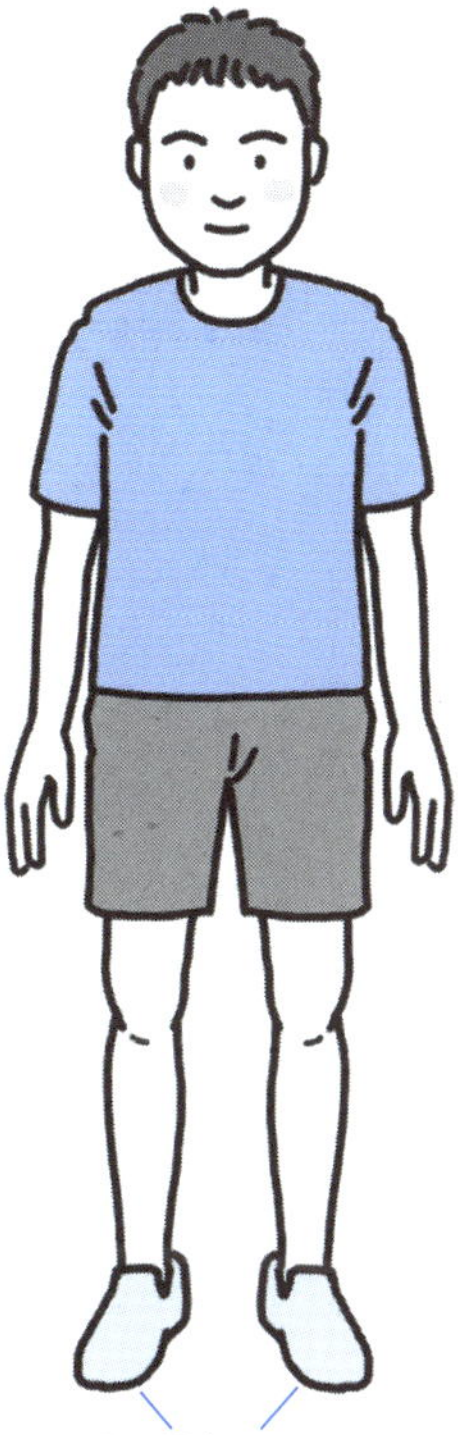
足は肩幅に開く

❷左右の鼠径部の中央に、左右の手の親指を当てる

左右の鼠径部の中央に
手の親指を当てる

❸親指で押しながら上体をゆっくりと前傾させることを10 回くり返す

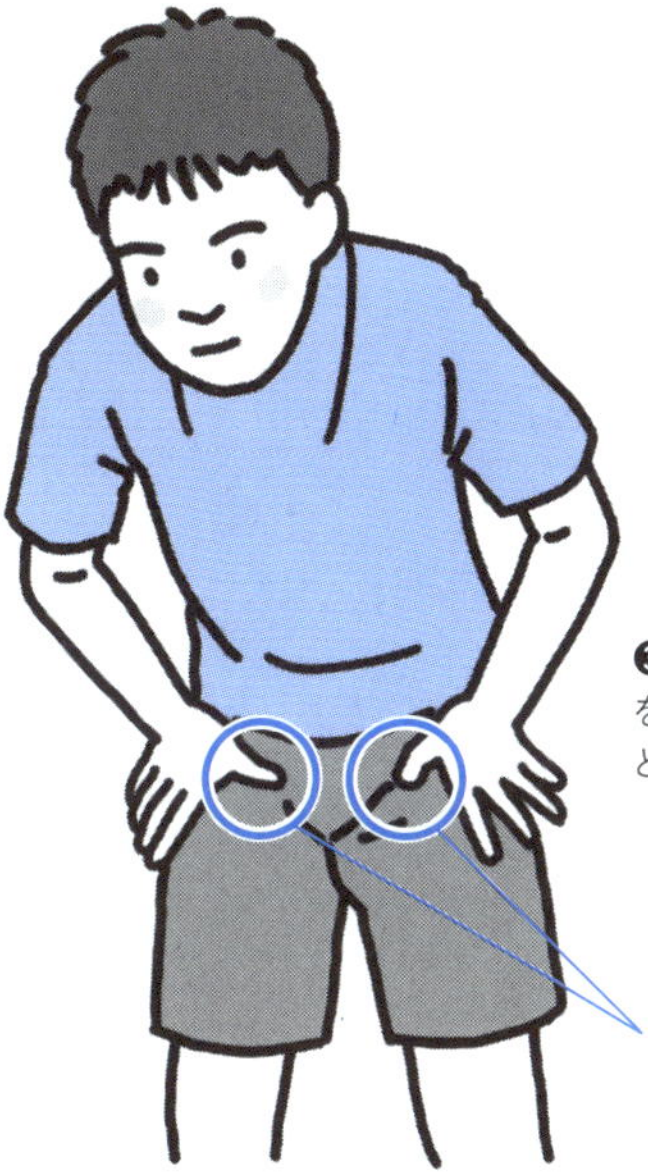
親指で押す

浮き指を解消して地面を強く蹴る「つま先歩き」

骨盤が後傾していると、重心がかかと寄りになるため浮き指になりやすくなります。浮き指とは、立っているときに足の指が地面から浮いた状態になっていることを指します。

　浮き指になると、全身のバランスが悪くなるうえに、足の裏の筋肉をじゅうぶんに使えないため、地面を強く蹴ることができません。

　そこで、つま先立ちになって歩き、足の指を鍛《きた》えましょう。つま先立ちになると、体が前に倒れないようにするために、自然と背すじが伸びて、ネコ背も改善します。

【つま先歩きのやり方】

❶足を肩幅に開いて両足のかかとを上げてつま先立ちになる

❷頭の上からヒモで引っぱられているイメージで背すじを伸ばし、20歩進むことを1セットとし、2セット行う

　スタート時にも、ドライブ動作（くわしくは60ページを参照）とスイング動作（くわしくは62ページを参照）においても、地面を強く蹴ることは必須《ひっす》です。足の指を鍛えて、力強く前進しましょう。

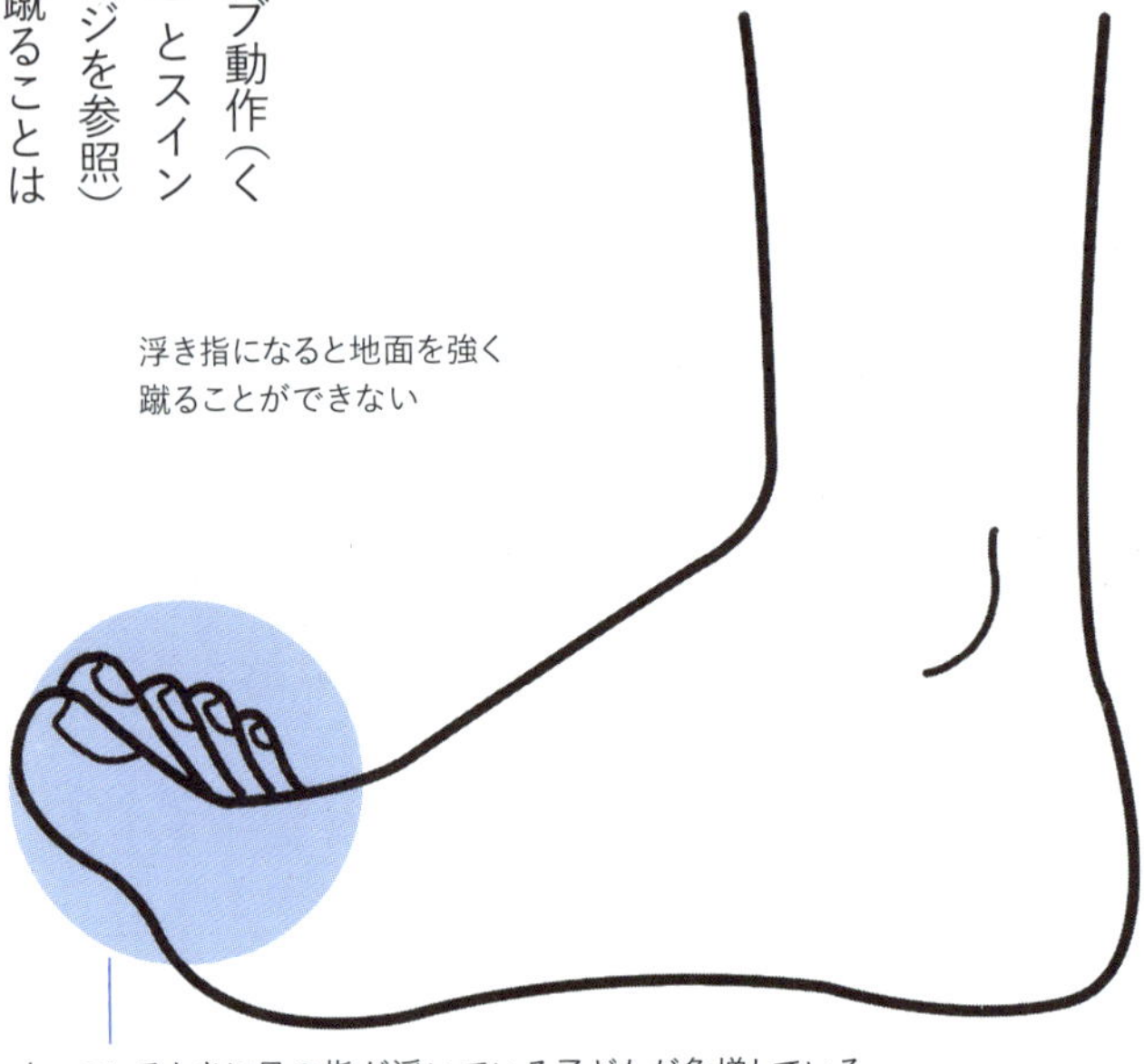
浮き指になると地面を強く蹴ることができない
立っているときに足の指が浮いている子どもが急増している

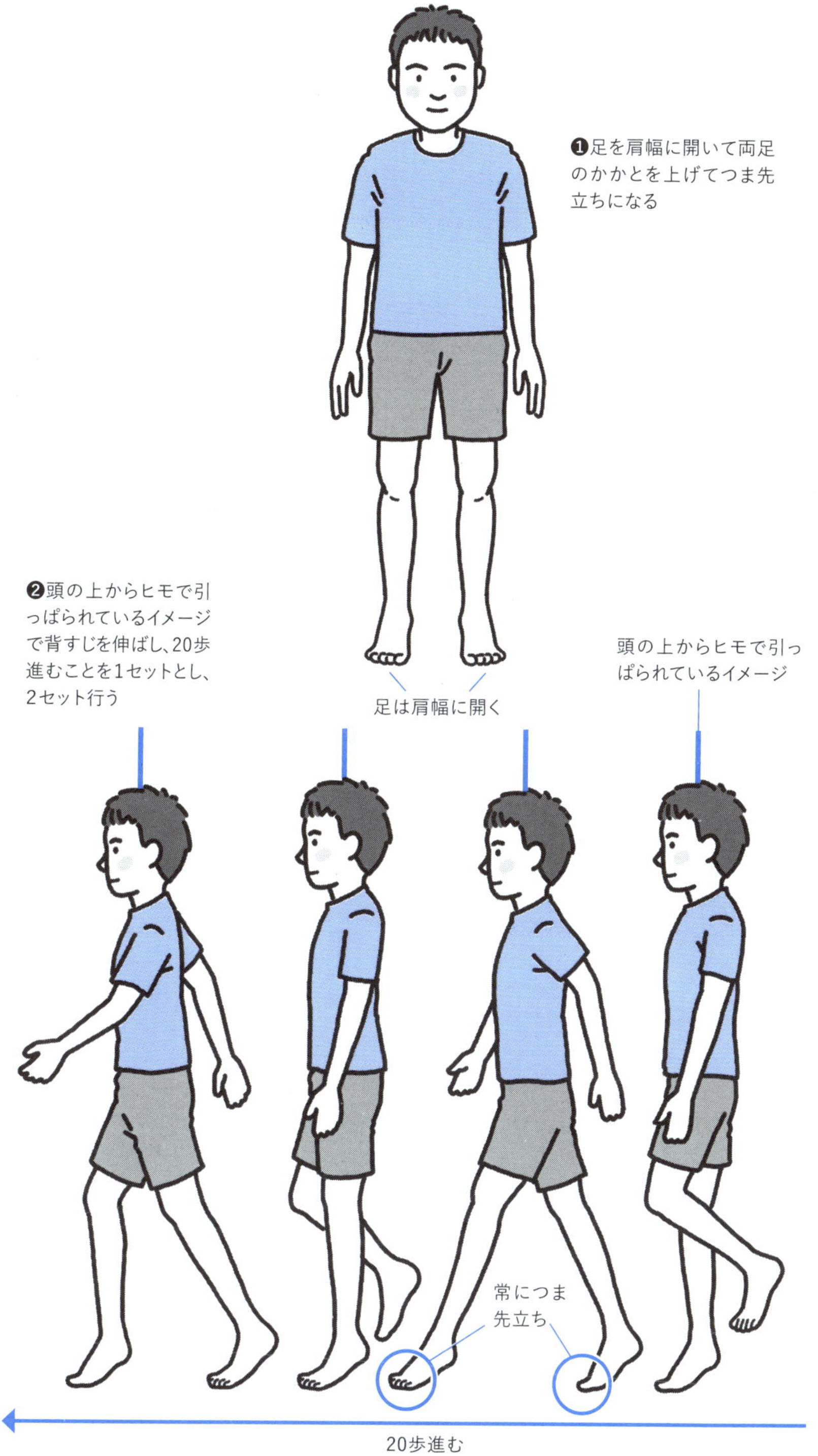
❶足を肩幅に開いて両足
のかかとを上げてつま先
立ちになる
足は肩幅に開く
❷頭の上からヒモで引
っぱられているイメージ
で背すじを伸ばし、20歩
進むことを1セットとし、
2セット行う
頭の上からヒモで引っ
ぱられているイメージ
常につま
先立ち
20歩進む

体幹を鍛えて正しい姿勢をキープする「わき腹プッシュ」

ここまで紹介したドリルによって後傾していた骨盤を垂直に立てたとしても、体幹《たいかん》が弱いと、その状態をキープすることができません。

そこで、わき腹の奥にある腹横筋《ふくおうきん》を刺激して、体幹を鍛えましょう。腹横筋は腹部全体を包むように伸びている筋肉で、体幹を安定化させる働きがあるため「天然のコルセット」とも呼ばれています。

【わき腹プッシュのやり方】

❶足を肩幅に開いて立ち、左右のわき腹の中央（肋骨《ろっこつ》の下端と骨盤の上端の中央）に左右の手の親指の腹を当てる。他の4本の指は下に向ける

❷へその方向に向かって10秒間、強く押す

腹横筋は体の深部にある筋肉なので、刺激が届くように強く押してください。

わき腹プッシュを行う前とあとに、腰に両手を当てて上体を後ろに反らせて、視界の範囲を比較してみましょう。わき腹プッシュを行ったあとに視界が広がっていれば、体幹が働いている証拠です。

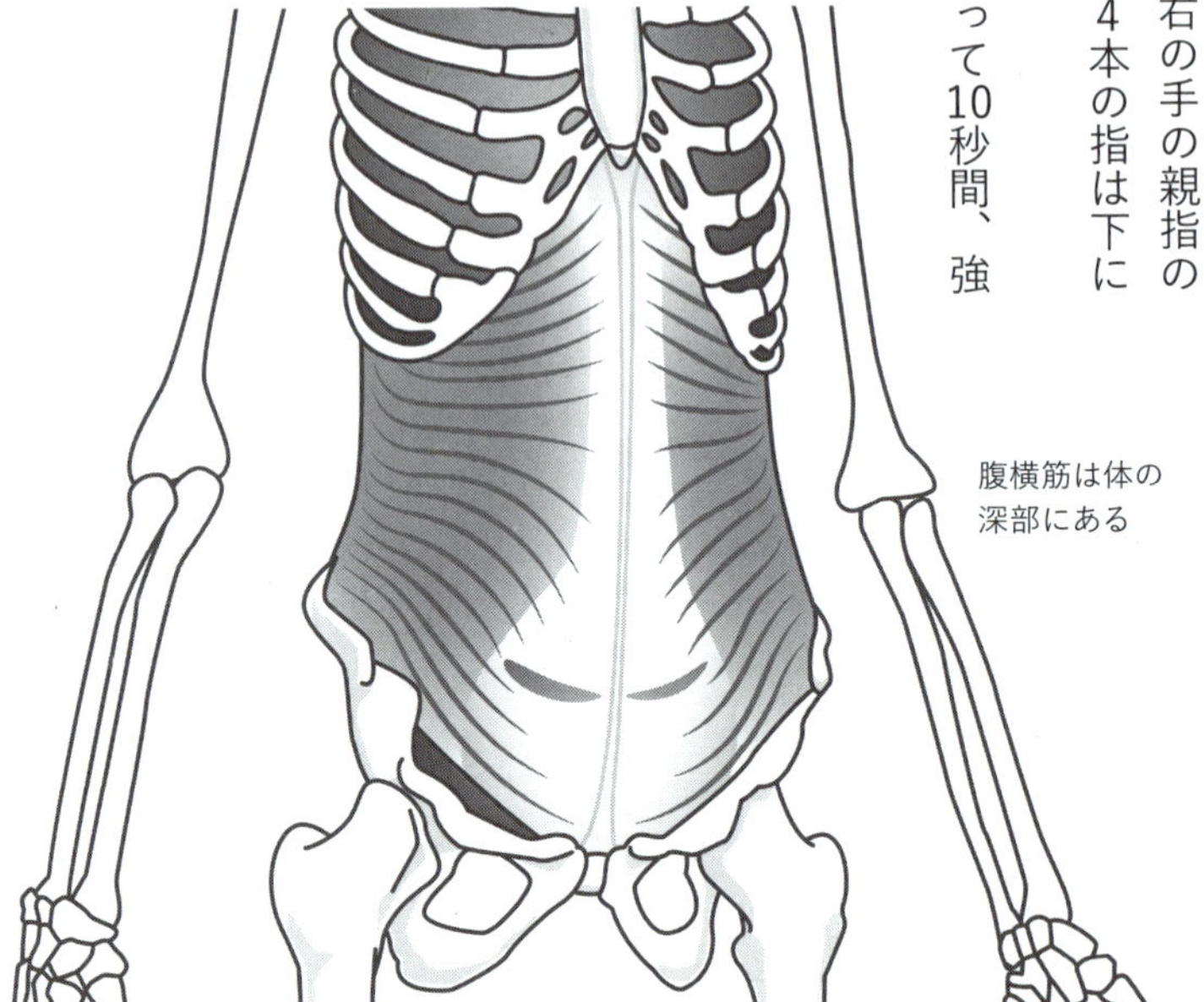

腹横筋は体の深部にある

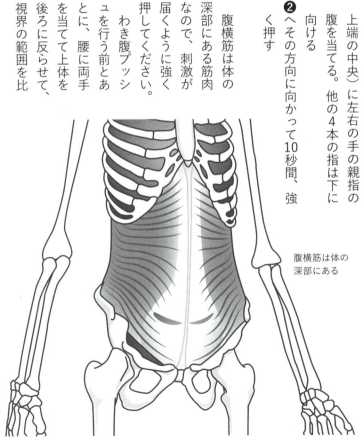

❶足を肩幅に開いて立ち、左右のわき腹の中央（肋骨の下端と骨盤の上端の中央）に左右の手の親指の腹を当てる。他の4本の指は下に向ける

❷へその方向に向かって10秒間、強く押す

腕が瞬時に長くなる「腕のグルグル後ろ回し」

第3章で腕や足の振り方について解説をしました。腕も足も長いほうが大きく振ることができます。これは、振り子の長さが長いと1往復する時間が長く、振り子が短いと往復する時間が短くなるという「振り子の法則」からも明らかです。

そこで、腕も足も長くして、大きく振れるようにしましょう。「そんなことができるのか?」と思った人もいることでしょう。しかし、私たち柔道整復師の間では、腕や足を長くすることは、決してむずかしいことではないのです。まずは腕から始めてみましょう。

【腕のグルグル後ろ回しのやり方】

❶頭の上からヒモで引っぱられるイメージで背すじを伸ばし、足をそろえて立つ
❷両手を斜め上に伸ばして腕の長さの違いを確認する
❸片方の腕のわきの下に反対の手を当てて、上げた腕を後ろに5回回す
❸再び両手を斜め上に伸ばして腕の長さの違いを確認する
❹もう一方の腕のわきの下に反対の手を当てて、上げた腕を後ろに5回回す
❺もう一度両手を斜め上に伸ばして腕の長さの違いを確認する

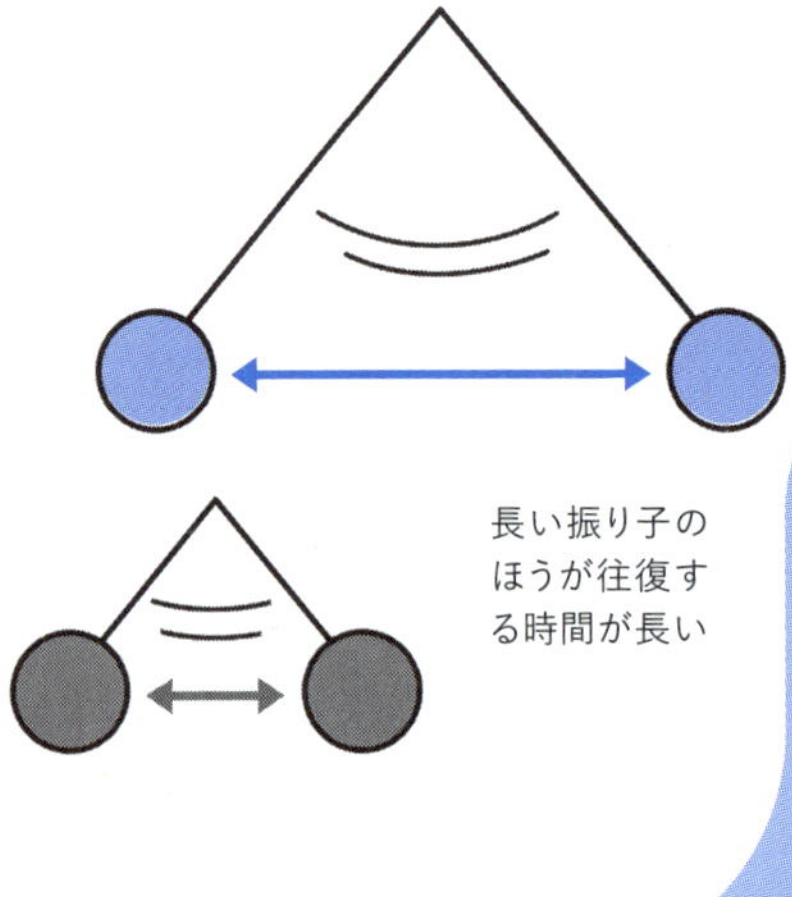

長い振り子のほうが往復する時間が長い

腕を回したあとに長さを確認すると、ストレッチ効果により、回したほうの腕が伸びているはずです。人間の体は、こんなに簡単に伸ばすことができるのです。

なお、腕は必ず後ろに回してください。前に回すと、肩が内側に入る「巻き肩」になりやすく、ネコ背になる危険性があるので注意が必要です。

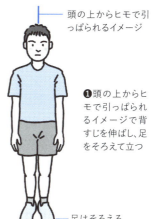

頭の上からヒモで引っぱられるイメージ
足はそろえる

❶頭の上からヒモで引っぱられるイメージで背すじを伸ばし、足をそろえて立つ

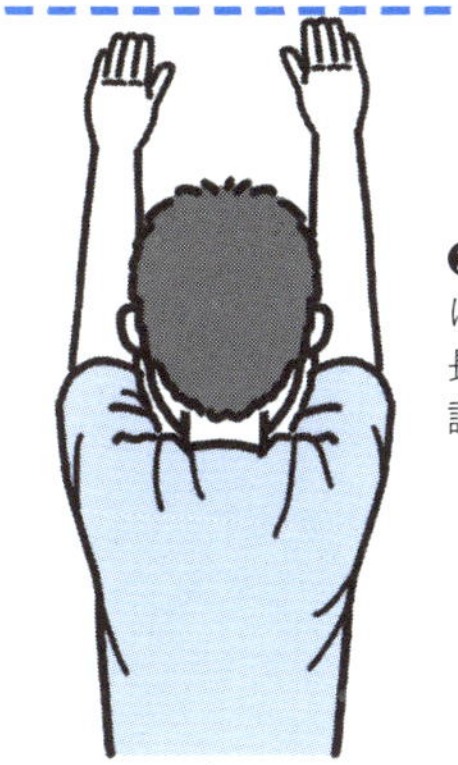

❷両手を斜め上に伸ばして腕の長さの違いを確認する

必ず後ろに回すこと

❸片方の腕のわきの下に反対の手を当てて、上げた腕を後ろに5回回す

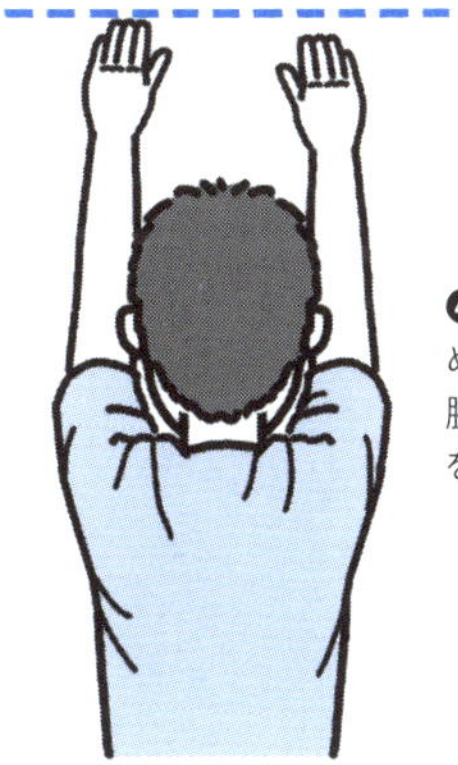

❹再び両手を斜め上に伸ばして腕の長さの違いを確認する

必ず後ろに回すこと

❺もう一方の腕のわきの下に反対の手を当てて、上げた腕を後ろに5回回す

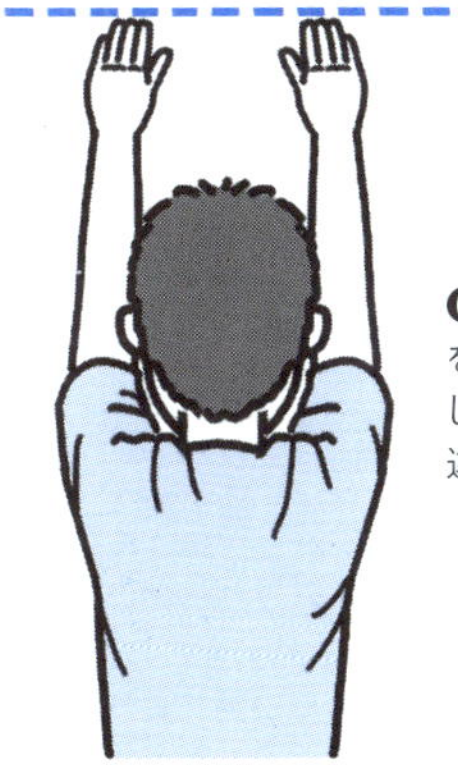

❻もう一度両手を斜め上に伸ばして腕の長さの違いを確認する

足の左右差がなくなる「7秒足伸ばし」

腕を長くすることができたら、今度は足を長くしましょう。こちらも予想以上に簡単に伸ばすことができます。

【7秒足伸ばしのやり方】

❶床に座って両足を前に伸ばす

❷左右の足のつけ根に左右の手の親指を上にして当てて、ひざのお皿の上端まで滑らせ、左右の手の親指の位置を確認する（親指が足のつけ根寄りになったほうの足が短い）

❸短いほうの足のつま先を前方に傾けながら、足全体を前方に7秒間伸ばすことを3回くり返す

❹再び左右の手の親指をひざのお皿の上端まで滑らせて足の長さの違いを確認する

②で左右差がなかった場合は、両足を交互に伸ばすようにしましょう。また、足を前方に伸ばすときには、息を止めずに自然な呼吸を心がけてください。

足が長くなれば、足が速くなるだけでなく、スタイルがよくなることも期待できます。

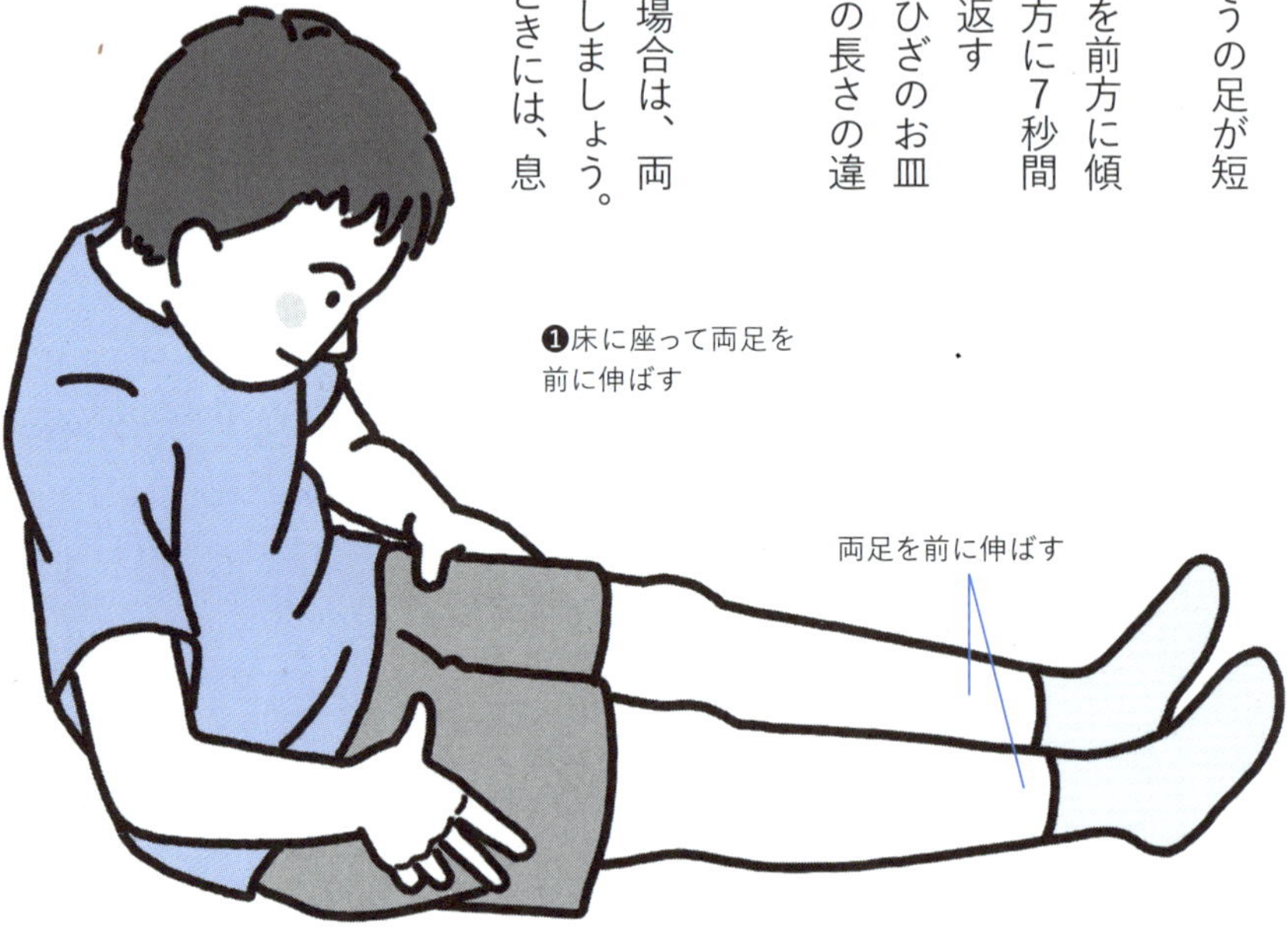

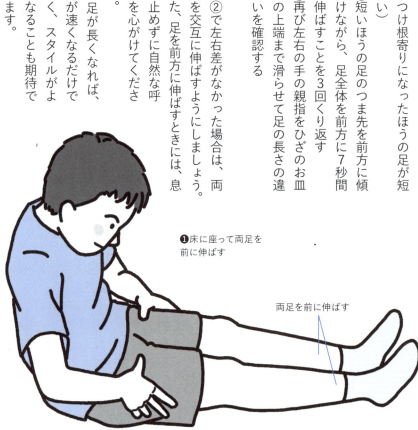

❷左右の足のつけ根に左右の手の親指を上にして当てて、ひざのお皿の上端まで滑らせ、左右の手の親指の位置を確認する（親指が足のつけ根寄りになったほうの足が短い）

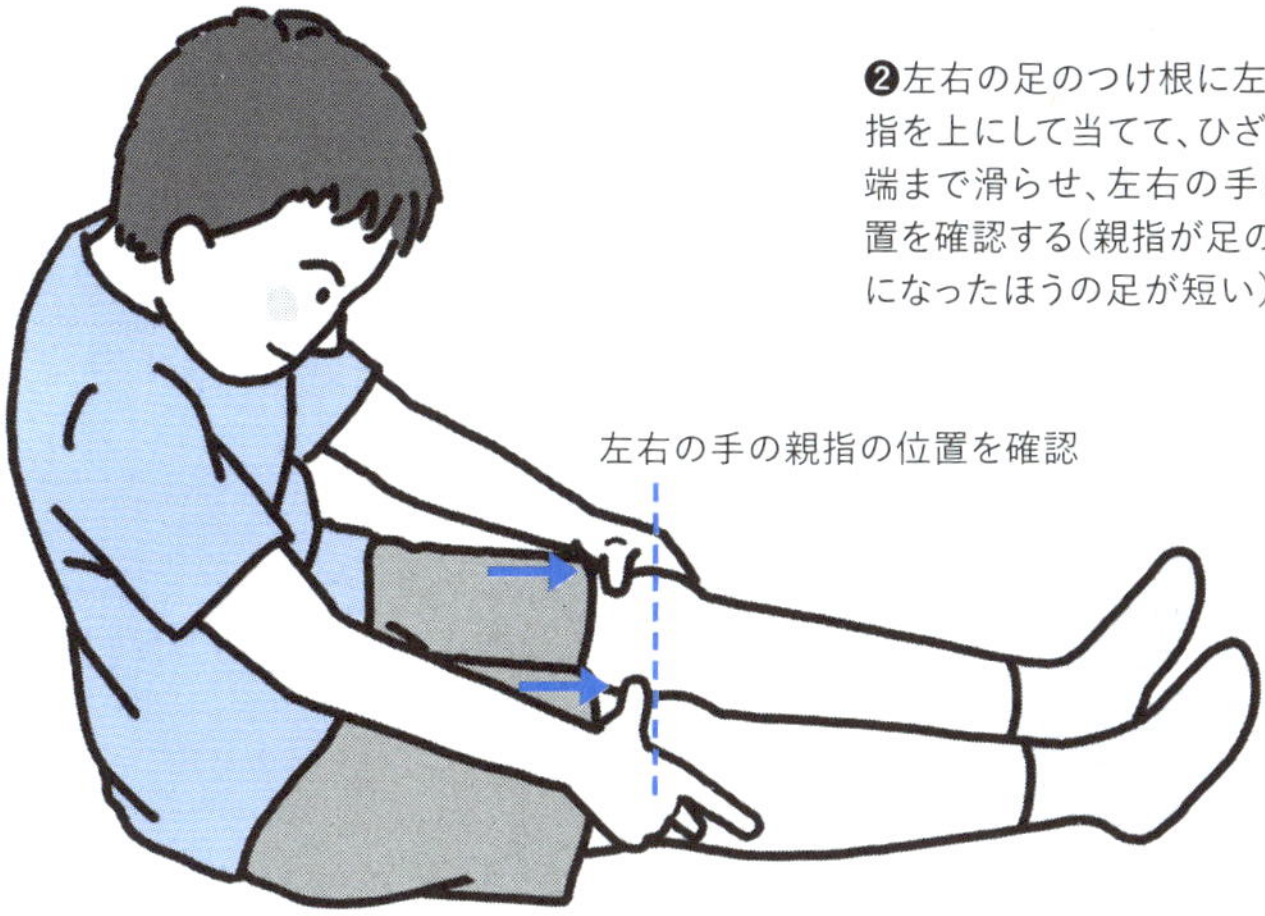

❸短いほうの足のつま先を前方に傾けながら、足全体を前方に7秒間伸ばすことを3回くり返す

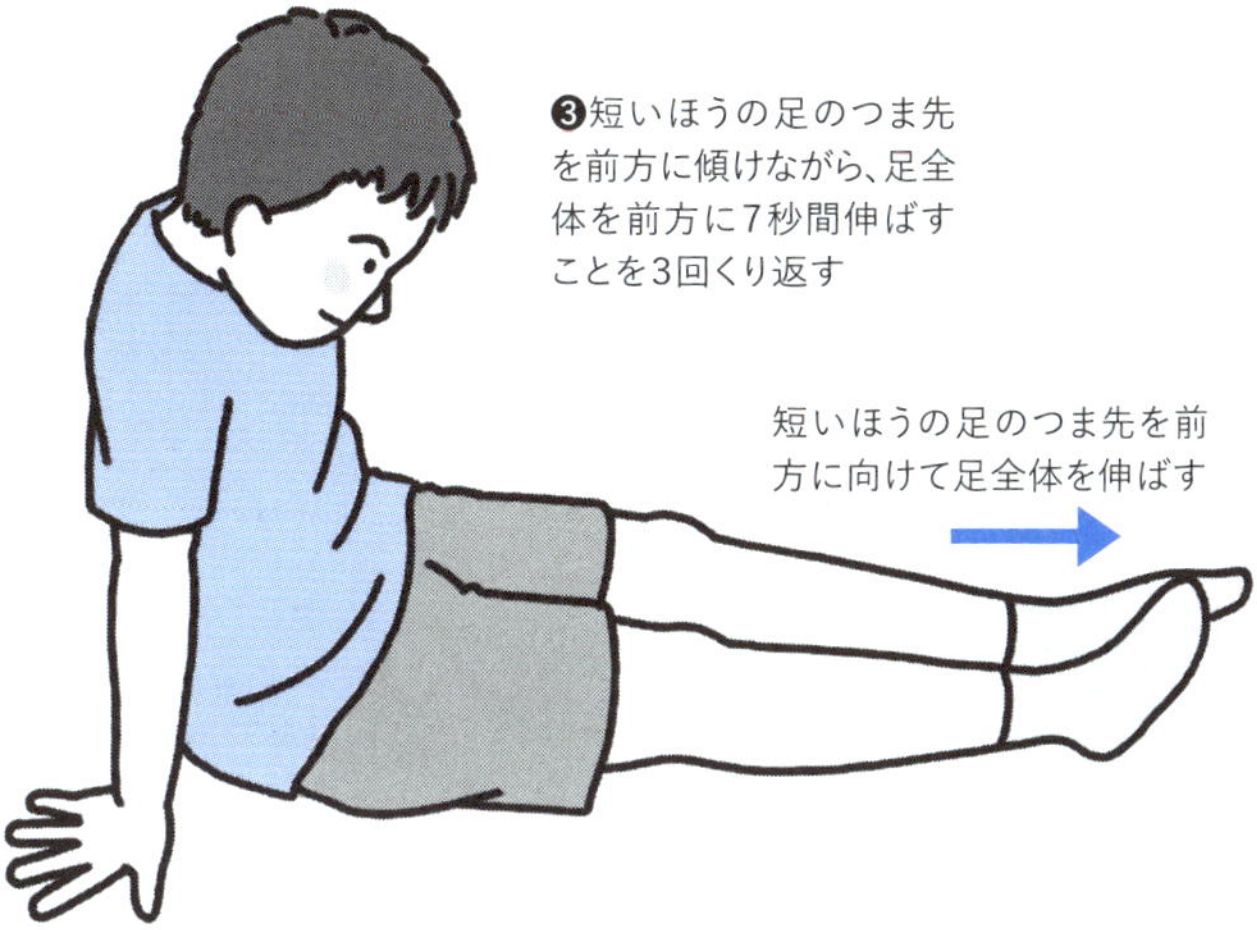

❹再び左右の手の親指をひざのお皿の上端まで滑らせて足の長さの違いを確認する

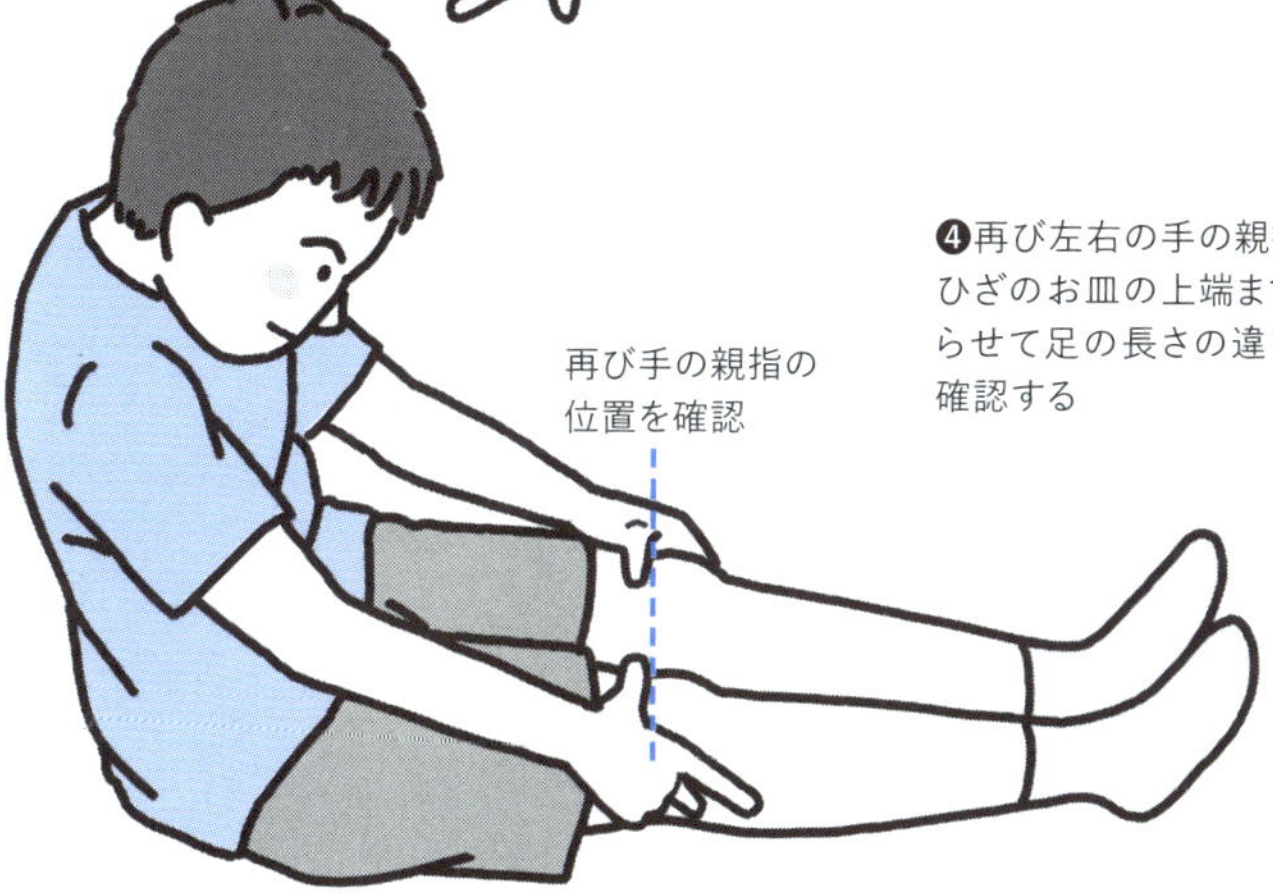

伸ばした足の筋力をアップさせる「フラミンゴのポーズ」

足を長くすることができたら、最後にその足を鍛えるドリルを行います。

足の筋力が弱い人は、ふだんからひざが曲がっているケースが多いものです。これは、とくに内側広筋《ないそくこうきん》が弱いためです。

内側広筋は、大腿四頭筋《だいたいしとうきん》（太ももの表側の筋肉）を構成する四つの筋肉のうちの一つで、太ももの内側にあります。内側広筋には、ひざ関節を安定させる働きがあり、この筋力が弱いと、ふだんからひざが曲がって、ドライブ動作（くわしくは60ページを参照）がうまくできません。

そこで、内側広筋を効率的に鍛えられる「フラミンゴのポーズ」を行いましょう。

【フラミンゴのポーズのやり方】

❶片足立ちになり、ひざを軽く曲げる
❷曲げたひざを伸ばした状態を5秒間キープする
❸反対の足でも同様に行う
❹②・③を1セットとし、3セット行う

内側広筋が弱い人は、5秒キープするのもむずかしいかもしれません。その場合は、自分のできる範囲でキープし、最終的に5秒キープできるようにしてください。

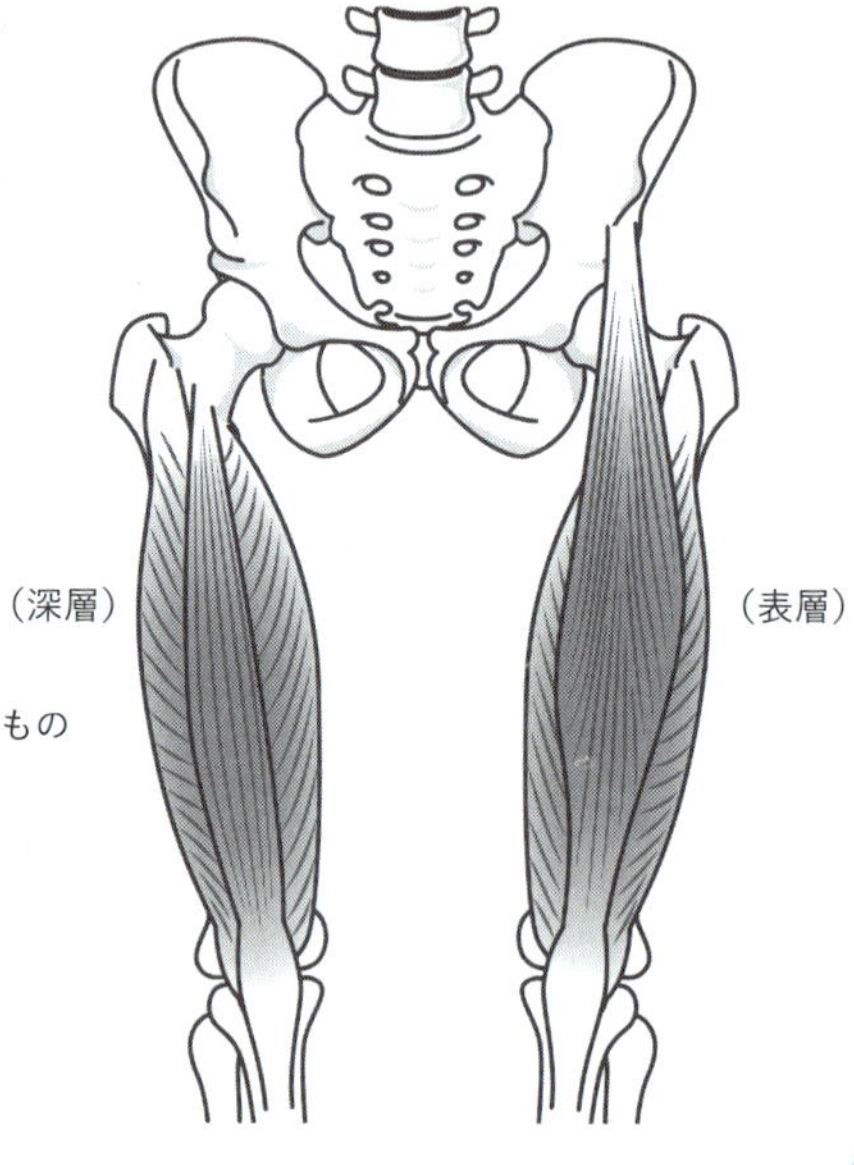

内側広筋は太ももの内側にある

❶片足立ちになり、ひざを軽く曲げる

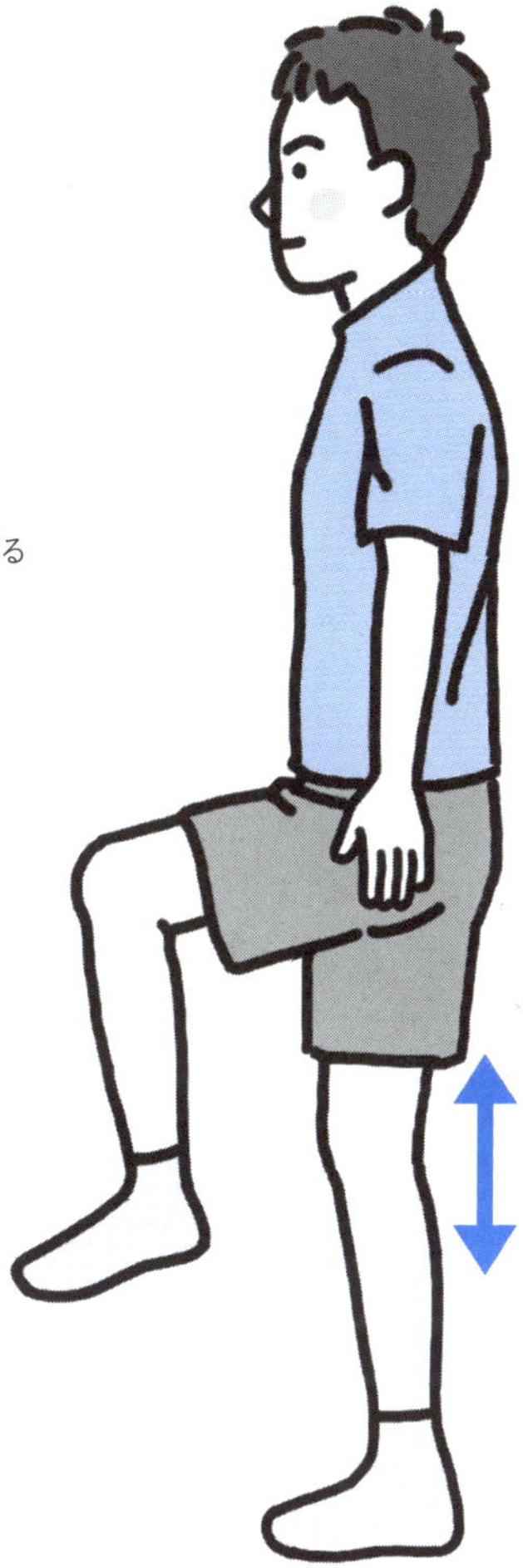

❷曲げたひざを伸ばした状態を5秒間キープする

❸反対の足でも同様に行う

❹②・③を1セットとし、3セット行う

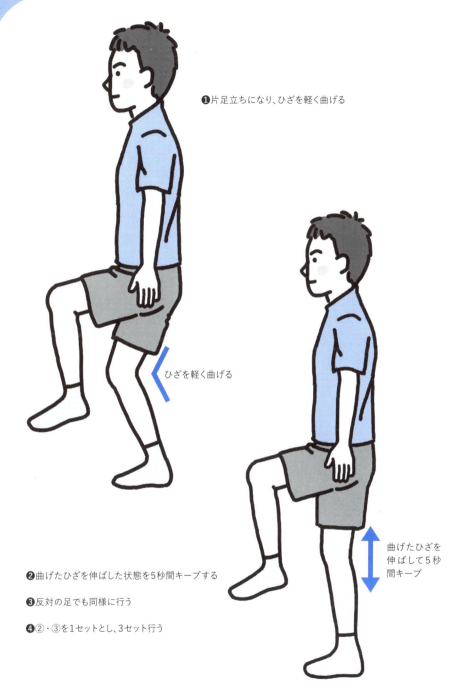

走ることで起こりやすい三大スポーツ障害とは

本章の最後に、走ることで起こりやすいスポーツ障害について解説します。

走ることで起こるスポーツ障害は多種多様ですが、そのなかでもとくに多い三大スポーツ障害は「肉離れ」「シンスプリント」「オスグッド病」です。それぞれについて説明しましょう。

肉離れというと、その字面から、筋肉が切れて離ればなれになるイメージがあるのではないでしょうか。しかし、実際には、筋肉と筋肉とがぶつかり合うことで肉離れは起こります。

走ることで肉離れが最も起こりやすいのはハムストリングスです。とくに、体の前で着地をすると、斜め下に加わった着地の力と、その反動で生じる地面からの反発力がぶつかり合い、ハムストリングスに肉離れが起こりやすくなります。

シンスプリントは、脛骨《けいこつ》過労性骨《かろうせいこつ》膜炎《まくえん》ともいい、その名前のとおり、脛骨（すねの骨）の周辺の骨膜が炎症を起こす障害で、すねの内側にズキズキとした痛みが出ます。

主な原因は運動のしすぎですが、浮き指のために足の指を使えていないことも隠れた原因の一つとしてあげられます。その意味では、98ページで紹介したつま先歩きを行うとシンスプリントを未然に防ぐことができます。

オスグッド病は、正式名称をオスグッド・シュラッター病といいます。ひざのお皿の下の脛骨が突き出てくる障害で、主に成長期の運動選手に多く見られます。ひざの曲げ伸ばしをくり返すことで、大腿四頭筋が脛骨を引っぱり、痛みや腫《は》れが生じます。

この大腿四頭筋による引っぱりに拍車をかけるのが骨盤後傾です。後継した骨盤が大腿四頭筋を引っぱり、その影響で脛骨も引っぱられるのです。94ページで紹介した骨盤起こしが最も有効です。

肉離れ

肉離れは筋肉と筋肉とがぶつかり合うことで起こる

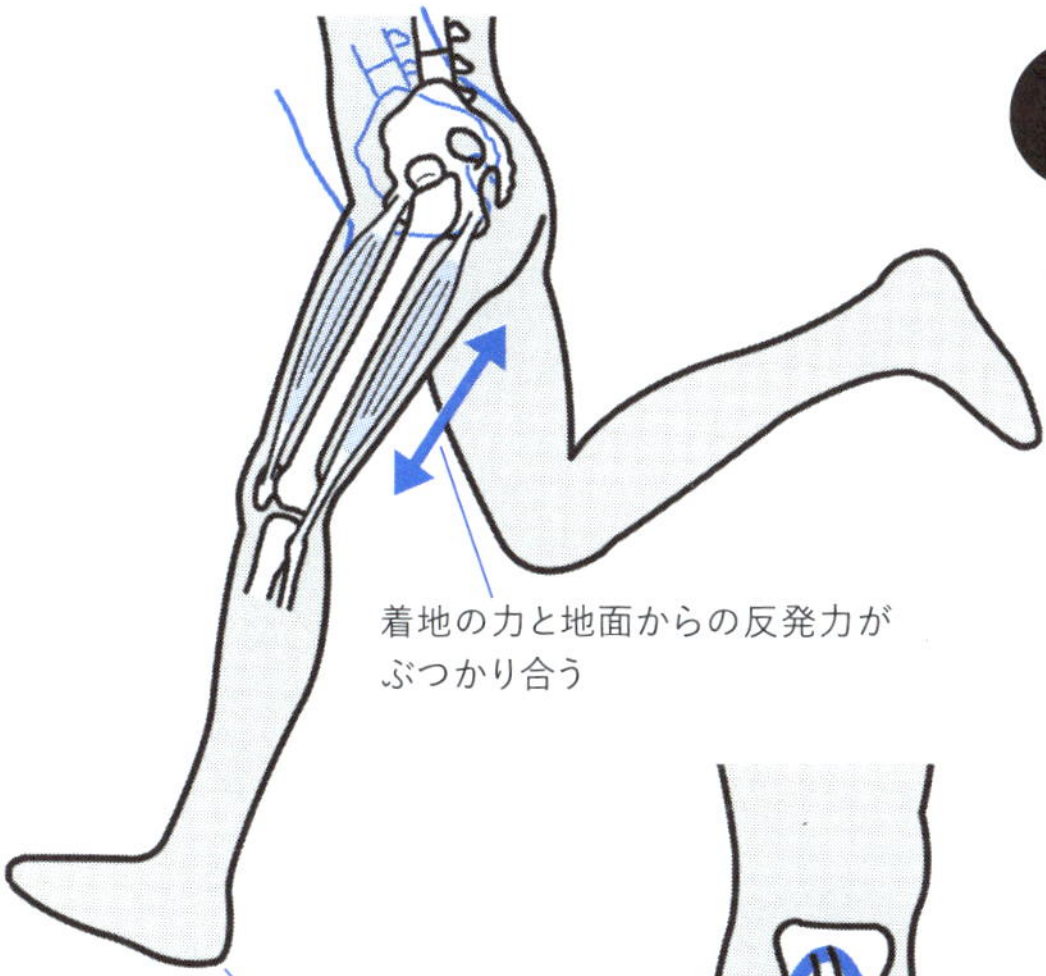
着地の力と地面からの反発力がぶつかり合う
体の前で着地

シンスプリント

シンスプリントは脛骨の周辺の骨膜が炎症を起こしてすねの内側にズキズキとした痛みが出る

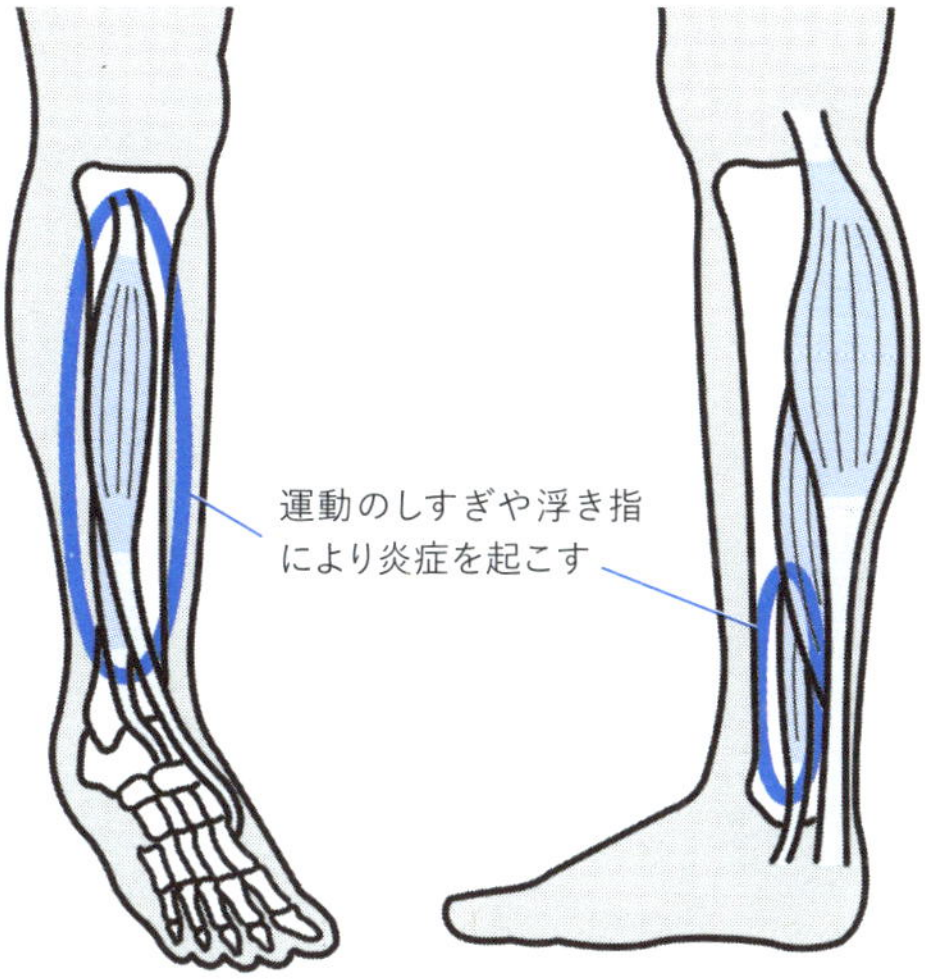
運動のしすぎや浮き指により炎症を起こす

オスグッド病

オスグッド病はひざの曲げ伸ばしをくり返すことで、ひざのお皿の下の脛骨が突き出て、痛みや腫れが生じる

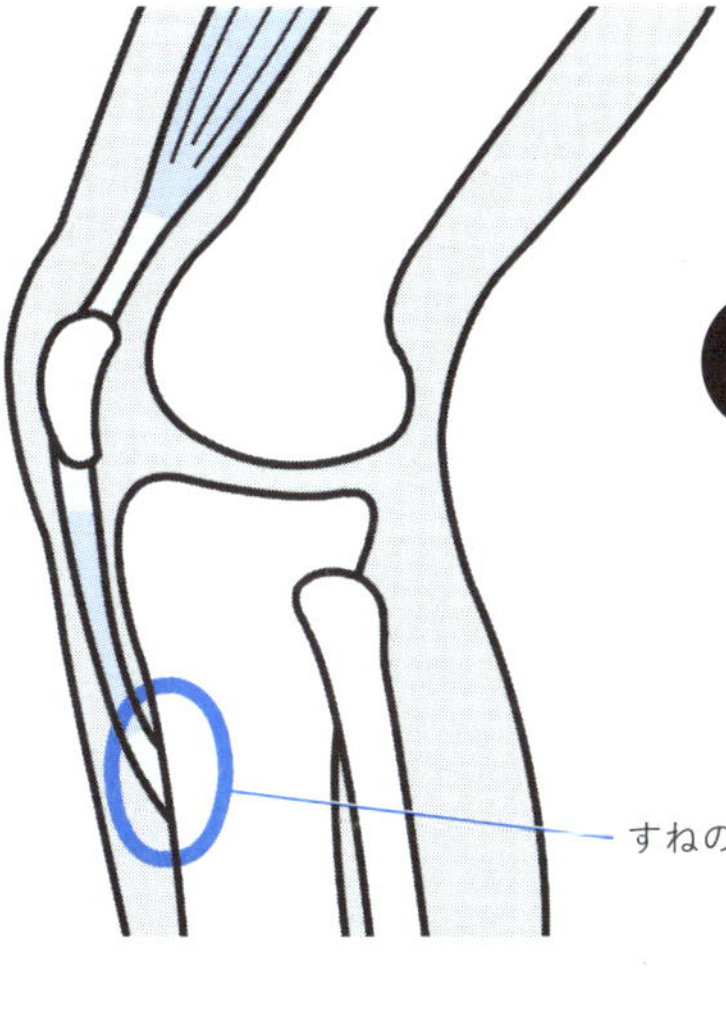
すねの骨が出っぱってくる

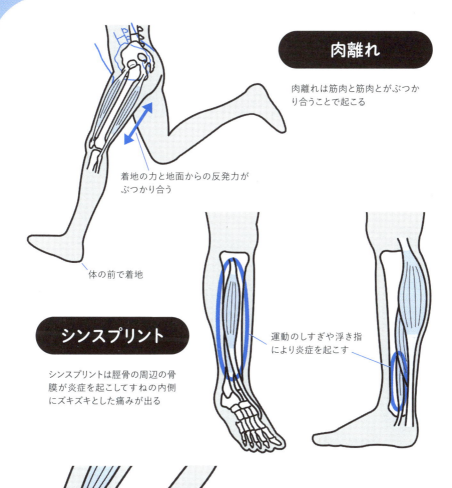

エピローグ

本書は、私にとって大きなチャレンジとなりました。エピローグでも述べたように、スポーツ少年・少女たちから寄せられる二大質問は「どうしたら身長が伸びますか?」と「どうしたら足が速くなりますか?」です。

私はその質問に答えるべく、2023年に『身長は伸びる!』(自由国民社)という書籍を上梓《じょうし》しました。おかげさまで、この書籍は大きな反響を呼びました。

そこで今度は、二大質問のもう一つである「足が速くなる」をテーマにした本を出すことはできないかと考えました。

ただ、足が速くなる本を出すことについては、正直少し不安がありました。「どうしたら身長が伸びるか」は、柔道整復師であり鍼灸《しんきゅう》師《し》でもある私にとっては、専門分野とまではいかないにせよ、骨格や姿勢といった得意の分野がテーマになります。しかし、私は陸上競技の専門家ではありません。

　そのときに、私の背中を押してくれたのは『身長は伸びる！』の読者から寄せられたハガキの数々でした。「柔道整復師独自・鍼灸師独自の視点が斬新《ざんしん》」「体の仕組みを熟知した著者だからこその発想」といった声は、「専門分野でないからこそ挑戦してみよう」という気にさせてくれたのです。

　大きなチャレンジとは、そういう意味なのです。

「足が速くなる」をテーマにした書籍は数多く出版されています。そのほとんどは陸上競技の専門家が書かれたもので、確かな理論と豊富な経験に基づいた内容には敬服するのみです。そのようななかで、ある意味、異質な視点で書かれた本書が、みなさんの目にはどのように映ったか、期待と不安を抱いて、筆を擱《お》きます。少しでも多くの人に、疾走感と爽快感を味わっていただけますように！

２０２４年スポーツの秋に

高林《たかばやし》 孝光《たかみつ》

高林孝光（たかばやし・たかみつ）

1978年東京生まれ。アスリートゴリラ鍼灸接骨院院長。雪印メグミルク「かんたん骨体操」考案・指導者。運動機能評論家として、フジテレビ系列『ホンマでっか!?TV』などに出演中。運動機能の第一人者で、トップアスリートの運動機能向上のほか、子どもや大人の運動機能回復法など現代社会における健康維持のあり方について幅広く研究。読売テレビ系列「朝生ワイド す・またん！&ZIP」のコーナー「さかなのとれたてリサーチ」で「速く走るコツは?」のYouTubeが話題。TOKYO MX系列「news TOKYO FLAG」で「プロが教えるけがを防いで活躍するアドバイス」で速く走る方法を解説。主な著書に『身長は伸びる！』（自由国民社）、『たった10秒！子ども筋トレで能力アップ！』（さくら舎）など。

足が速くなる解剖図鑑

2024年10月 2 日　初版第一刷発行
2025年 5 月28日　　　第三刷発行

著者　高林孝光
発行者　三輪浩之
発行所　株式会社エクスナレッジ
〒106-0032 東京都港区六本木7-2-26
https://www.xknowledge.co.jp/
問合先　編集 TEL 03-3403-6796
FAX 03-3403-0582
info@xknowledge.co.jp
販売 TEL 03-3403-1321
FAX 03-3403-1829